24H

Kyoto

guide

Perfect trip for beginners & repeaters.

Enjoy, your travel.
和風カワイイ京都へ。

———

遙かなる時を紡ぐ京都は、さりげない路地や通り
過ぎてしまいそうな石にさえ驚くような歴史物語
が息づいていて、訪れるほどに魅力が深まる街。

桜の薄紅色が視界を覆いつくす春、鴨川や貴船の
せせらぎが涼感をさそう夏、真紅のもみじがはら
りと風に舞う秋、純白の雪が凛とした木立や神社
仏閣の屋根に降り積もる冬…はんなりと移ろいゆ
く季節ごとに、瞬きするのも惜しいほど見つめて
いたくなる美景が待ち受けています。

この本は、京都に暮らす人が、遊びに来た大切な
友人と一緒にステキな時間を過ごす、そんなイメー
ジで作りました。タテの通りとヨコの通りが織
り上げる碁盤の目の町並みや、自然豊かな郊外、
夢に見た憧れのあの場所へ。カワイイ！おいし
い！楽しい！早朝から深夜までトキメキに満ちた
旅のプロローグが、きっとここにあります。あな
ただけの京都絵巻を、描いてみませんか。

24H _Kyoto guide_ CONTENTS

THE SEASON GUIDE

本誌をご利用になる前に

★本誌に掲載したデータは2023年8〜10月現在のものですが、営業時間、定休日は通常時の営業時間、定休日を記載しています。
★掲載施設の見学不可、運休、イベント開催中止および掲載店舗の営業日、営業時間の変更などがあります。事前に公式ホームページやSNSなどで最新情報をご確認ください。

データの見方

☎＝電話番号　🏠＝所在地
🕐＝営業時間・レストランでは開店〜閉店またはLO（ラストオーダー）の時間、開館時間　施設では最終入館・入場時間までを表示しています。なお記載より早い場合や遅い場合もありますのでご注意ください。
🔒＝休み　原則として年末年始、お盆休み、GWなどをのぞく定休日のみ表示しています。
¥＝料金　入場や施設利用などに料金が必要な場合、大人料金を表示。
　　ホテルの宿泊料金は原則、シングル・ツインは1室あたりの室料を記載しています。特に記載のないものは税込み、サービス料込みの料金です。季節などにより料金は変動しますのでご注意ください。
URL＝HPアドレス
MAP P.000 A-0　　その物件の地図上での位置を表示しています。

Night (18:00 - 21:00)

Midnight (22:00 - 00:00)

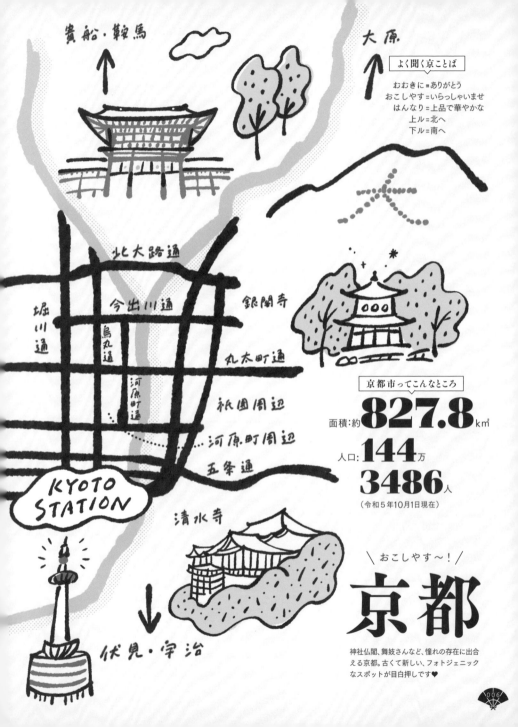

貴船・鞍馬

大原

北大路通

今出川通

銀閣寺

堀川通

烏丸通

丸太町通

河原町通

祇園周辺

河原町周辺

五条通

KYOTO STATION

清水寺

京都市ってこんなところ

面積：約 **827.8** ㎢

人口：**144** 万 **3486** 人

（令和5年10月1日現在）

＼ おこしやす〜！ ／

京都

神社仏閣、舞妓さんなど、憧れの存在に出合える京都。古くて新しい、フォトジェニックなスポットが目白押しです❤

伏見・宇治

1泊2日の予算

約**3万5000**円

宿泊費1万円、食費1万3000円（朝、昼2回、夜、おやつ）、拝観料など4000円、市内交通費3000円、おみやげ代5000円と考えると予算はこれくらい。

京都までのアクセス

東京→京都（新幹線）
約2時間15分

北海道→京都（飛行機・電車）
約3時間

九州→京都（新幹線）
約2時間40分〜4時間30分

主な交通手段

バス
京都市バス、京都バスなど

電車
京都市営地下鉄
（烏丸線、東西線）など

ベストシーズン早見表

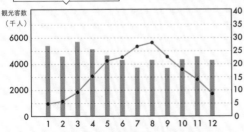

桜が咲き誇る3・4月や、紅葉が美しい10・11月頃がベストシーズン！過ごしやすい気候で、観光客も多いので、宿や飲食店の予約は早めにしておくのがおすすめです。（グラフは観光客数と平均気温）

金閣寺

嵐山周辺

四条通

3 Days Perfect Planning

グルメも名所も！京都の旅を楽しみつくす、とっておきのプランをご案内します。

Planning:

Day 1

朝ごはんと着物で"和"に染まって、
夜はイマドキ京都を堪能！

和の風情あふれる人気店へ直行！朝ごはんで満たされたあとは、着物姿に変身して岡崎さんぽや体験プランはいかが。ディナーはいま流行りの京中華で小粋に。

平安神宮の応天門を
くぐると白い玉砂利
の向こうに大極殿が。
千年の時を超えて王
朝の雅が感じられる

下鴨神社の参拝後は、旧三井家下鴨別邸へ。香り高い濃茶ゼリーでおやつタイム

下鴨神社の媛守。ひとつひとつ柄が異なるので、お気に入りを見つけて

Planning:
Day 2
早起きして森に包まれた神社へ。
朝からパワーをチャージ！

神社やお寺、旧跡めぐりは、旅のプランに盛り込んでおきたいもの。早起きして朝活すれば、格別のすがすがしさが味わえて得した気分になれるかも。

旧三井家下鴨別邸のお座敷で庭園観賞。眺めていると次第に心がほどけていきます

出町座で映画を観たら、館内のカフェでまったりしながら映画トークに花を咲かせて

Day 2

サブカルや雑居ビルのおばんざい
こんな京都もぜったいアリ！

2日目の午後は、商店街にあるミニシアターで映画を観て、名物女将に会いに木屋町へ。話題の酒場もハシゴして、〆は町家バーでしっとりと。

『あおい』でおばんざい。女将さんの豪快なスマイルと気配りも人気のヒミツ

Day3

恋愛祈願もおみやげも
夢心地で旅のフィナーレを

最終日も朝時間を活用して京の奥座敷・
貴船へ。恋の成就を願うたら、町家ラン
チやお買いもので街歩を。タイムリミッ
トが来るまで楽しみ尽くしましょう。

朱塗りの灯篭にいざ
なわれ、貴船神社の
本宮でお参り。縁結び
の結社は川の上流へ

「食と森」でおばんざ
いランチをいただい
たら、名物のプリン
をデザートに

古き良き佇まいを残
しながらモダンに再
生した京町家は居心
地上々で、まったり
過ごせる

京都の朝

IN THE

Morning

06:00 - 10:00

人気の観光スポットはいつも人がいっぱい！ それなら、本命の場所へは人の少ない午前中に出かけてみるのはいかが？ 早起きして澄みわたる空気を思いっきり吸い込めば、爽やかな一日のスタートになりそうです。

鳥居には「ここから
先が神域」という意
味があります。くぐる
前には手水舎の水で
心身を清めて

お守りにも
清水の舞台が!

KIYOMIZUDERA

この絶景を独占!

清水の舞台
きよみずのぶたい

6:00
開門

四季折々の渓谷の景色や京都市街を一望。舞台建築もあわせて眺めたいときは、本堂東側の奥の院へ

仁王門から
参拝スタート
↓

1 参拝ルートの終盤には舞台や三重塔を仰ぎ見られる **2** 仁王門の両脇には京都最大級の仁王像が立つ **3** 音羽の滝は観音の金色水で長寿の延命水として信仰されている

清水寺
きよみずでら

京都旅の大定番へ朝参り

「清水の舞台から飛び降りる」という言葉の語源として名高い本堂は、釘を一本も使わない日本古来の工法で建築。境内に多数点在するパワースポットをめぐりましょう。

MAP P.178 F-5

☎075-551-1234 ♠京都市東山区清水1-294 ◎6:00～18:00(季節により異なる) ¥400円 ♿無休

賑わう社寺は早朝参拝がベスト

悠久の時を刻みつづける京都には、市内だけで200を超えるお寺や神社があります。そんななかで、世界遺産の清水寺と、どこかミステリアスな雰囲気を漂わせる伏見稲荷大社は、人気ツートップといえそう。平日でも多くの人で賑わうので、ゆったりとお参りをしたいなら、ぜひ朝イチで。どちらも山際にあるため、早朝の澄みわたる空気は格別です。深呼吸をしながら朝日の差し込む境内をぐるりとめぐれば、すがすがしさ満点。ご利益アップも期待できそうです。

千本鳥居を
くぐって

この絶景を独占！

千本鳥居
せんぼんとりい

24h 開門

鳥居の間から木漏れ日が差し、神秘的。耳に届く葉擦れの音や鳥のさえずりに癒される

FUSHIMI INARI TAISHA

楼門を守る
お狐さん

1 時間があれば、往復約2時間のお山めぐりもおすすめ **2** 奥社奉拝所で絵馬を奉納 **3** 神様のお使いお狐さん

奥社奉拝所
限定の白狐守

伏見稲荷大社
ふしみいなりたいしゃ

商売繁昌のお稲荷さん

全国に3万社あるとされる稲荷神社の総本宮で、祭神は稲荷大神。稲荷山全体では朱塗りの鳥居が1万基以上連なり、異世界に引き込まれるかのようです。

MAP P.176 E-5
☎075-641-7331 🏠京都市伏見区深草薮之内町68 ⏰ 💰境内自由

神秘の森の古社から
リバーサイドへ

下鴨神社の開門は、朝6時。境内を包み込む紅の森（ただす）の早朝は、とりわけ神秘的な空気が満ちています。縁結び、美人祈願、厄除けなど、広い境内に点在するお社を

めぐったあとは、ひと足のばして鴨川へ。高野川と賀茂川の合流地点鴨川デルタで飛び石をつたって川を渡り、川辺のベンチでテイクアウトのフードやスイーツをほおばれば、童心に返るようで心が弾みます。

空気が
キレイ

Best time
7:00
澄んだ空気と絶品テイクアウトでパワーチャージ♡
早朝の下鴨神社＆鴨川さんぽが最高!

1 神紋の双葉葵をモチーフにしたオリジナル干菓子「葵の庭」550円 **2** ちりめん生地の媛守とデニム生地の彦守各1000円

1

2

レース守
2000円

下鴨神社（賀茂御祖神社）
しもがもじんじゃ（かもみおやじんじゃ）

葵祭で有名な世界遺産の社
はじまりは平安京以前という京都有数の古社。楼門前に立つ相生社は、縁結びのご利益で信仰を集めています。上賀茂神社の祭神（賀茂別雷大神）の親神を祀ることが正式名の由来。

MAP P.174 E-3

☎075-781-0010 ⚲京都市左京区下鴨泉川町59 ◷6:00～17:00（授与所は9:00～）◷境内自由（大炊殿500円）⚑無休

○ ○ ○ ○ 7月の土用の丑の日前後10日間実施される「御手洗祭」は、境内の御手洗池に足を浸して無病息災を願う人気の年中行事。

鴨川
かもがわ

水辺でリフレッシュ
京阪出町柳駅からすぐの三角州「鴨川デルタ」は地元の人から旅人までみんなの憩いスポット。羽を休める水鳥の姿にも癒されます。
MAP P.174 E-4

アイスコーヒー 550円、季節のタルティーヌ550円〜、レーズンノアのクリームチーズサンド500円

タルティーヌと コーヒー はんな
タルティーヌとコーヒー はんな

朝食も、今日のおやつも
フランス流オープンサンド「タルティーヌ」とハンドドリップコーヒーが看板のカフェ。自家培養の天然酵母のパンも好評です。
MAP P.174 D-4 なし 京都市上京区青龍町218 グランコスモ鴨川1F 8:30〜14:30（土・日曜〜17:00）火・水曜

噛むほどに味わいが♪

豆餅は1個220円

下鴨神社（賀茂御祖神社）

糺の森

河合神社

出町柳駅

タルティーヌとコーヒーはんな

出町ふたば

賀茂大橋

鴨川

おにぎり屋さん

ベーカリー柳月堂

出町ふたば
でまちふたば

行列の少ない朝が狙いめ
大粒の赤えんどう豆とこし餡をつきたての餅で包んだ京名物、豆餅をはじめ多彩な和菓子が並びます。
MAP P.174 D-4
☎075-231-1658 京都市上京区出町通今出川上ル青龍町236 8:30〜17:30 火曜、第4水曜（祝日の場合は翌日）

朝の鴨川サイクリング

京都 eco トリップ
きょうとエコトリップ
MAP P.185 B-4 ☎075-691-0794 京都市南区東九条室町58（本店） 9:00〜18:00(6:30〜8:30は早朝料金+300円) 無休

飽きのこないラインナップ

ベーカリー柳月堂
ベーカリー りゅうげつどう

レトロなパン屋さん
京阪出町柳駅前で創業から70年にわたり親しまれる老舗ベーカリー。1個100円台のものも豊富に並びます。

テイクアウトで♪
さんぽのあとのお楽しみ

朝はお米派の大定番

おにぎり屋さん
おにぎりやさん

昔ながらの素朴なおにぎり
ふっくらと炊き上げたお米のおいしさが評判のおにぎりは、常時30種ほど。お弁当やお惣菜もそろいます。
MAP P.174 E-4
☎075-781-0399 京都市左京区田中上柳町53 7:00〜18:30 無休

MAP P.174 E-4
☎075-781-5161 京都市左京区田中下柳町5-1 柳月堂ビル1F 7:30〜20:30 水・土曜

5
6
7
8
9
10
11
12
13
14
15
16
17
18
19
20
21
22
23
0

出汁と米
MUKU Arashiyama
だしとこめ ムク アラシヤマ

香り豊かな出汁が決め手

羽釜の炊きたてご飯や、こだわりの出汁、月替わりの豆皿料理など、無添加素材のみで作るコース料理を提供しています。

MAP P.185 B-3 ☎050-31 31-7060 🏠京都市西京区嵐山中尾下町45 YADO Arash iyama1F ⏰7:30～10:00、11:30～14:00 🈺不定休

1出汁巻き玉子や手作り湯豆腐も付く、出汁と米コース3500円 **2**ホテルの宿泊客以外も利用可(13歳未満利用不可) **3**カウンターのほかテーブル席も

里芋の煮っころ鰹

国産牛蒡を使ったゆかり牛蒡

浅利と生海苔の佃煮

寒鰤の柚子味噌焼き

京揚げと焼き葱の南蛮煮

Best time
8:00
いざ、のれんをくぐって♪こだわり素材の
和の朝ごはんBEST3

艶やかでふっくらとしたご飯と、バラエティに富んだおかずは、ベストパートナー。どんどん箸が進みます。

低温調理されたメインの鴨料理は、ロースかモモかを選べる

鴨のスープでじっくり炊いているため、お米一粒一粒に旨みが染み込んでいる

お好みで藻塩、抹茶塩、岩塩を添えて味変を楽しんで

鴨肉の希少部位を使った料理。この日は肩肉とハツのコンフィ

○ ○ ○ 今尾景年は明治から大正期に活躍し、南禅寺の雲龍図を描いたことでも有名です。

018

昆布で旨味の相乗効果！鯛昆布

九州出身の店主ならでは、鯛明太子

5

6

7

8

真鯛と鱈を使った韓国風鯛チャンジャ

風味豊かな洋風の鯛味噌バター

9

10

11

12

13

1 鴨粥2350円 ※14:00 〜 17:30は提供なし **2** 季節の花が添えられたつくばい **3** エディブルフラワー入り、宝石みたいな華わらび1550円 **4** 風格のある佇まい

1

2

3

1 約40種類が揃うお供はテイクアウトも可能 **2** 北野天満宮のすぐ近くに店を構える **3** 玄界灘でとれた鯛を使った進化系鯛茶漬け1200円

OTOMO KYOTO
オトモ キョウト

ご飯のおいしさが倍増

ご飯のお供が主役の専門店。五つ星マイスターが監修の炊きたてご飯や、地元京都の素材を生かしたみそ汁なども味わえます。

MAP P.175 B-4 ☎080-6707-3484 🏠京都市上京区馬喰町911-3 ⏰8:30 〜 LO14:00、土・日曜LO16:00 ※平日8:30 〜 10:30は完全予約制 🔒月曜（木曜は予約以外店頭販売のみ）

4

3

2

人気の
華わらびも♪

15

16

17

18

19

20

21

22

23

0

麓寿庵
ろくじゅあん

登録有形文化財の空間に見惚れる

日本画家・今尾景年が大正初期に建てて晩年を過ごした邸宅をそのまま活用。鴨粥が味わえるのは土日祝8時、平日11時から。

MAP P.181 A-3 ☎075-746-5927 🏠京都市北区六角通紫野西入町六角町101 ⏰11:00 〜 LO19:00、土・日曜、祝日8:00 〜 LO20:00 🔒無休

8:00

京名所を眺めながら

リバービューで朝食を。

街なかを流れる鴨川は、人も鳥たちも憩う
オアシス的存在です。リバーサイドカフェ
で爽やかな朝時間を過ごしませんか。

IN THE
Morning (6:00-10:00)

トッピングで
カスタマイズOK!

❶オーガニック小麦を使った「バターミルクパンケーキコンボプレート」2200円 ❷5月はじめから10月末まで川風を感じられる納涼床も楽しめる ❸カフェラテ730円 ❹キッチンの活気が伝わる1階席も眺望バツグン

PATTERN 1

向こう岸は花街祇園
歴史ある橋のたもとの一軒

団栗橋西詰のモダンアメリカンカフェレストランは、フロアごとに異なる雰囲気が魅力。15時までのブランチタイムでゆったり過ごして。

Kacto
カクト

(MAP)P.180 F-5

☎075-341-8787 🏠京都市下京区斎藤町133 🕐ブランチ8:00〜LO15:00、カフェ 15:00〜LO16:00、ディナー17:30〜LO22:00 🚫無休(カフェは水曜)

Open
8:00

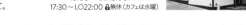
◌ ◌ ◌ Kactoは店の東側に鴨川、西側に高瀬川が流れ、ふたつのリバービューが楽しめます。

築100年のモダン町家で
炭焼きトーストを

京都産卵や旬の野菜をたっぷり使用したモーニングは、フォトジェニックでしかも栄養バランスも抜群という才色兼備が人気の理由。炭焼きトーストは4種から選べます。

B STORE 1st

ビーストア ファースト

Open 8:00

MAP P.180 F-5

☎075-365-0777 ♠京都市下京区斎藤町140-25 ⏰8:00 ～ LO10:00、11:30 ～ LO14:30、17:00 ～ LO19:30 ⊘水曜、不定休

はぁ～
いい匂い！

1炭焼きトーストサンドセット1980円 **2**網の上でトーストしたパンはサクッと軽い口あたり **3**5月～10月末は席料不要の納涼床席もお目見えする

弁慶と義経ゆかり
五条大橋のほど近く

彼方に望む東山をイメージしたという店内はブルーが基調。「卵焼き＆ネギ味噌」、「京風きつね」など、手軽に食べられるライスバーガーはイートインもテイクアウトも可能です。

川間食堂

かわましょくどう

Open 8:00

MAP P.179 A-5

☎075-344-0917 ♠京都市下京区都市町141-2 ⏰8:00 ～ LO17:30 ⊘木曜

ふらりと
立ち寄って

1冷めてもおいしいようにとセレクトしたお米は、京の料亭・八代目儀兵衛のもの。湯葉にわさび醤油ジュレを添えた「京ゆばーがー」700円 **2**自家製レモネード600円

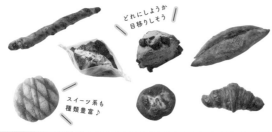

どれにしようか
目移りしそう

スイーツ系も
種類豊富♪

Best time
9:00
昼前には売り切れ必至!
焼きたてパンを買いに
話題のベーカリーへ

パン好きの間で噂の小さなベーカリー

伝統を大切にしながらも新しいモノや文化を受け入れ、研ぎ澄まされてきた京都は、進取の気風に富む街。和食文化のなかに飛び込んだ「パン」もそのひとつで、いまや消費量は全国でトップクラスの多さで知られるところです。昭和の面影を残すパン屋からスタイリッシュな店構えのブーランジェリーまで、めぐり逢った夫婦がふたりできりもりしている小さなベーカリーです。お店の前の街を歩けば必ずといっていいほどベーカリーを見かけ、どれもその地域に根ざしているのが感じられます。そんななか近ごろ話題となっている一軒が、河原町五条からほど近くの「スロウ」。京都、大阪の別々のベーカリーで技を磨き、めぐり逢った夫婦がふたりできりもりしている小さなベーカリーです。お店の前には開店時間前から行列ができ、お昼前に売り切れとなることがほとんどなので、早めの時間を目指して向かいましょう。

> Slō を推したい理由 1
> ☑ 篤さんが生地、具材の考案などをまどかさんが担当し、技が相乗効果に

1

3

2

4

1 10坪ほどのこぢんまりとした店内。通りを歩けばいい匂いに包まれる **2** 金曜日には、時折山型食パンがお目見えする **3** インテリアにもセンスが光る **4** 定番のものから旬素材を使ったもの、ハード系からソフト系までさまざま

Slō
スロウ

毎日通いたい一軒

「ゆっくり、長く愛してもらえるお店に」と鈴江篤さん、まどかさん夫妻が二人三脚で営む。2022年のオープン以来瞬く間に人気店に。

MAP P.179 A-4　🏠京都市下京区寺町通松原下ル植松町707-2　⏰9:00〜(売り切れ次第終了)　☎075-708-7815　🛏月・火曜

Slō を推したい理由 ②

☑ ショーケースを見ながら注文する対面販売のスタイルがうれしい

Slō を推したい理由 ③

☑ あえて「主役」を作らずバリエーション豊富なパンをそろえている

国産小麦がメインです

コーヒーのほか
ビールやワインも

9:00
素敵すぎてずっと眺めたくなる

癒しの美庭×スイーツ

日常の喧騒から逃れ、美しい庭園へ。スイーツを傍らに至福の時間を過ごしませんか。

庭園カフェ
1200円（入場料別）
京都 村上開新堂のロシアケーキ、オリジナルどら焼きなどから選ぶ

観賞のポイント
広々とした庭園を散策しながら、せせらぎの音や四季の花々を感じてみよう

1 東山の山並みを主役に据えた、奥行きが感じられる借景庭園。青もみじのほか、紅葉シーズンもおすすめ

ドリンクがいろいろあるね

1 隣接する琵琶湖疏水から引き入れた水が園内を流れる
制限があるが、滞在時間は自由

2 予約優先で1時間ごとに30人までの入場

無鄰菴
むりんあん

東山を借景にした名庭

明治から大正期に活躍した元老・山縣有朋が築いた別荘。平安神宮神苑をはじめ数々の名庭を残した作庭家・七代目小川治兵衛が庭づくりを手がけました。

MAP P.182 E-5

☎075-771-3909 ♠京都市左京区南禅寺草川町31 ◎9:00～最終受付16:30（4～9月は最終受付17:30）※予約優先 ￥600円（繁忙期は900円～）🔒12/29～12/31、その他臨時閉場あり（公式HPを要確認）

◇◇◇ 無鄰菴では、「野鳥ミニ講座」や季節の限定茶菓子席など多彩なイベントも開催しています。

観賞のポイント
朝食・ブランチ・ランチプランを予約すると、通常非公開の2・3階に入室し、庭園が見渡せる

1 主屋1階の座敷。ゆらぎのある明治時代のガラス越しに眺めてみて **2・3** 2階と3階は特別公開時に見学できる

自家製濃茶ゼリー
650円
濃厚で香り豊かなゼリーを中心とした風情あふれる甘味。ほうじ茶付き

座敷(平日限定)か洋間の好きな席で

モダンな意匠にも注目

池の畔にそびえるムクノキは推定樹齢約150年のシンボルツリー

旧三井家下鴨別邸
きゅうみついけしもがもべってい

三井財閥ゆかりのお屋敷
大正14(1925)年に三井十一家の別邸として建てられ、現在は国の重要文化財に指定されています。主屋の室内から眺めたり、瓢箪型の池から眺めてみたりと変化に富む景色が楽しめます。

(MAP)P.174 E-4
☎075-366-4321 ♠京都市左京区下鴨宮河町58-2 ◷9:00 ～ 最終受付16:30 ¥500円(土・日曜、祝日は600円) ♠水曜

泊まりもOK
プライベートサウナ

いま、巷では空前のサウナブーム。温泉や銭湯に付属のサウナはよく見かけますが、京都ならではの趣ある京町家とサウナが融合した施設は、唯一無二かも!? 旅のメインイベントになりそうです。烏丸御池から西へ6分ほど歩いた路地奥の隠れ家「MACHIYA.SAUNA KYOTO」は、一棟貸し切りタイプのサウナ。ロウリュで汗を流したり、水風呂でシャキッと引き締めたり、気ままに過ごして "ととのう" を体感してはいかがでしょう。

風情ある坪庭で
外気浴も

MACHIYA:SAUNA KYOTO
マチヤ サウナ キョウト

街なかの隠れ家サウナ

築160年の京町家をリノベーションした、一棟貸し切りタイプのサウナ。3時間利用、ショートステイ、素泊まりの3タイプが選べます。

MAP P.181 A-1
☎090-9838-9637 🏠京都市中京区三坊西洞院町561西側奥 🕐サウナ3時間利用1名8000円（土・日曜、祝日9800円）🈺無休

手ぶらで来店 OK

バスタオル、ハンドタオル、ON&DOのスキンケア、土・日曜、祝日のみポンチョもセットに。また、水着も女性用、男性用各500円でレンタルできる

ドキドキ
ちょっと緊張

路地を通って京町家へ

START!

予約と決済は事前に済ませておいて、当日は直接現地へ。
街の喧騒が遠のく静かな路地奥にあります

サウナの醍醐味！

「ロウリュ」も自分たちで
3種から好みのアロマを選んで水に数滴たらし、サウナストーンにかけて水蒸気を発生

どんどん汗が出るね

いざ、サウナへ！
水墨で仕上げられたアーティスティックな壁がいい感じ。水着も借りられる

2階の休憩室で水分補給
高級緑茶と和菓子のサービスがあるほか、3時間利用のプランはソフトドリンク飲み放題

水風呂でクールダウン
サウナに入ったあとは、水風呂へ。そしてまたサウナへ……を繰り返せばスッキリ！

時間が経つのも忘れそう

疲れたらちょっと休憩
リクライニングチェアでくつろぎタイム。しばしまどろむのも最高の贅沢

ぐっすり眠れそう

宿泊する場合はこちらへ
2階の休憩室の奥に専用の寝室が用意されている。好きな時に好きなだけサ活を

サウナ付きの銭湯もGOOD!

五香湯
ごこうゆ

お風呂の種類が多彩

サウナのほか、電気風呂、泡風呂、薬湯、水風呂、珍しい「バドガシュタインラドン222鉱石の湯」が揃います。

MAP P.177 C-2
☎075-812-1126 🏠京都市下京区柿本町590-12 🕐14:30 〜翌0:30、日曜7:00 〜翌0:00、祝日11:00 〜翌0:00（変更の場合あり）💰490円 🈺月曜、第3火曜（祝日の場合は営業）

1

2

1水風呂は天然地下水の掛け流し **2**サウナ室は高温と低温の2種

写真映えするスポットばかり！

着物で行くなら
岡崎へ

セピアも鮮やかもフォトジェニックの宝庫。旅を満喫したい人には、着物姿での散策が断然おすすめです。祇園＆東山、嵐山、そしてここ岡崎が、着物姿が似合う三大エリアといえそう。古色蒼然とした諸堂やお庭、水路閣など変化に富む景色が待ち受ける南禅寺、朱塗りの社殿が艶やかな平安神宮、愛らしいさぎがシンボルの東天王岡﨑神社はマスト。パワースポット、レトロ、カフェなど、旅の人気キーワードが徒歩圏内にギュッと詰まった魅力あふれるエリアです。

気分は
京美人♪

レンタルは
ココがおすすめ

UME SAKURA
ウメサクラ

大人の正統派着物サロン
築100年の京町家で1日5組限定の完全個別対応によるプレミアム着物サロン。プロ目線の上質なラインアップと正統派コーデが定評。

URL umesakura.co.jp

MAP P.184 F-4

☎075-432-7677 🏠京都市中京区藤木町38 🕘9:30〜17:30
（土・日曜、祝日9:00〜）💰正統派着物レンタル（スタンダード）
7800円〜（着物一式、着付け、ヘアーセット付き）🔒火曜

絵になる
水路閣

ご朱印も
授かって

Ⓑ 南禅寺
なんぜんじ

四季の絶景に出会える
眺望抜群の三門をはじめ、方丈や小堀遠州作の枯山水庭園など見どころが満載。橋の上に疏水が流れる赤レンガの水路閣も必見です。

MAP P.182 F-5

☎075-771-0365 🏠京都市左京区南禅寺福地町86 🕘8:40〜16:40（12/1〜2/28は〜16:10）💰境内自由（方丈庭園600円、三門600円）🔒無休

スイーツとの
ペアリングを

Ⓐ Blue Bottle Studio - Kyoto -
ブルーボトルスタジオ キョウト

最高峰のコーヒーを体験
京都カフェの離れ2階のラウンジでは、予約制のコーヒーコース（8250円）を。コーヒーの新たな楽しみ方や魅力にふれられる。

MAP P.182 E-5

☎075-746-4453 🏠京都市左京区南禅寺草川町64 🕘10:00〜12:00〜、15:30〜※季節により異なる（HPを要確認）

Ⓔ 平安神宮
へいあんじんぐう

オリジナルの
ご朱印帖も

王朝の雅が目の前に
平安京遷都1100年を記念して創建。平安京の正庁である朝堂院を8分の5サイズで再現した社殿は圧巻のスケールです。

MAP P.182 D-4
☎075-761-0221 🏠京都市左京区岡崎西天王町97 ⏰6:00〜18:00（神苑は8:30〜17:30※季節により異なる）💰境内自由（神苑600円）🔒無休

Ⓒ 蹴上インクライン
けあげいんくらいん

桜や紅葉、
青もみじも♪

明治遺産の線路を散歩
琵琶湖と京の都を結ぶ琵琶湖疏水をゆく舟が、高低差を乗り越えて往来できるようにと造られた傾斜鉄道。廃線跡を自由に歩けます。

MAP P.182 E-5

抹茶（お菓子付き）
770円

うさぎみくじが
キュート♡

Ⓕ 菓子・茶房 チェカ
かし・さぼう チェカ

2階でカフェタイム
京都市動物園そばの人気洋菓子店。手作りスイーツとともに、オリジナルブレンドコーヒーや抹茶などが楽しめます。夏はかき氷も。

MAP P.182 E-4 ☎075-771-6776 🏠京都市左京区岡崎法勝寺町25
⏰10:00〜18:00（LO17:00）🔒月・火曜

Ⓓ 東天王 岡﨑神社
ひがしてんのう おかざきじんじゃ

うさぎが神様の神使い
子授けや安産のご利益で名高い神社。神様のお使いとされるうさぎがシンボルで、境内のそこかしこにうさぎのモチーフが見られます。

MAP P.182 E-4 ☎075-771-1963 🏠京都市左京区岡崎東天王町51
⏰9:00〜17:00🔒境内自由

ART POINT
猪目窓
ハート形は、災いを除いて福を招く意味をもつ「猪目」の文様

正寿院
しょうじゅいん
窓のハートは伝統文様
約800年前に創建された高野山真言宗の寺院。50年に一度御開帳となる秘仏本尊や、快慶作の不動明王像を祀ります。
MAP P.173 C-5 ☎0774-88-3601 ♠綴喜郡宇治田原町奥山田川上149 ⓣ9:00〜16:30(12月〜3月10:00〜16:00)ⓨ600円(菓子付)⛩無休

Best time
10:00
季節の移ろいごとに訪れたい
アートみたいな窓が気になる!

ART POINT
迷いの窓・悟りの窓
四角い「迷いの窓」は四苦を、円形の「悟りの窓」は大宇宙を表す

源光庵
げんこうあん
仏の教えを示すふたつの窓
大徳寺2世の隠居所として室町時代に創建。形の異なるふたつの窓を通し、仏教の真理にふれられます。
MAP P.175 B-1 ☎075-492-1858 ♠京都市北区鷹峯北鷹峯町47 ⓣ9:00〜17:00 ⓨ400円 ⛩行事による拝観休止日あり

◎ ◎ ◎正寿院は、客殿の天井一面を鮮やかに彩る160枚の天井画も人気です。(→P.71)

思わず息をのむ、幻想的な風景

四季ごとの彩りをあるがままに眺めるのもいいけれど、窓を通して愛でるというのも乙なもの。季節や天気、時間帯によって窓に映る景色が異なり、まさに「一期一会」の出会いが待ち受けています。ハート形の「猪目窓」で一躍人気となった正寿院は宇治市からさらに離れた宇治田原にあるためアクセスに時間を要しますが、わざわざ足をのばしたいお寺です。源光庵では、先に四角いほうの「迷いの窓」を、そのあと「悟りの窓」を眺めるのが正しい観賞法です。近年話題の嵐山 祐斎亭は、ピカピカの机に映り込む"リフレクション"にもご注目。眺めるほどに心ほどける三者三様の美窓と向き合い、うっとりときのひとときを過ごしてみてはいかがでしょうか。

嵐山 祐斎亭
あらしやま ゆうさいてい

染色アート×嵐山の風光
築150年を超える趣深い建物を生かした、染色作家・奥田祐斎氏の染色アートギャラリー。屋敷内には見どころ多数。
MAP P.185 A-2 ☎075-881-2331 ⌂京都市右京区嵯峨亀ノ尾町6 ◯10:00〜18:00 Ⓨ2000円 ⌂木曜(11月は無休)

ART POINT
まる窓の部屋
嵐山の風景が漆調の机にも映り込み、幽玄な雰囲気を演出している

平等院
びょうどういん

MAP P.186 B-5 ☎0774-21-2861 🏠宇治市宇治蓮華116 ⏰境内8:30～17:30(受付終了17:15)、鳳翔館9:00～17:00(受付終了16:45) 💴600円(鳳凰堂内部拝観別途300円) 🏠無休

110円玉硬貨にも描かれる鳳凰堂 **2**躍動感のある雲中供養菩薩像は、鳳凰堂と鳳翔館を合わせて全52躯 **3**本尊の阿弥陀如来坐像は仏師・定朝作©平等院

舞い踊る
雲中供養菩薩

1

2

3

Visit **01**
光源氏のモデルの別荘がココに!?
光源氏のモデルの有力候補とされる源融の別荘が、平等院の前身

歴女も抹茶LOVERも必訪!

Best time
10:00 『源氏物語』の舞台、宇治へ!

王朝ロマンが香る物語最終章の舞台へ

宇治川を擁する風光明媚な宇治は、さかのぼること平安時代、貴族たちにとって憧れの別荘地でした。紫式部は、『源氏物語』最終章である宇治十帖の舞台にこの宇治を選び、都を離れて暮らす美しい姫君と、光源氏ゆかりのふたりの貴公子との恋物語を綴ったのです。

川のほとりの散策路を歩きながら、平等院、宇治神社、宇治市源氏物語ミュージアムなど物語にちなんだスポットをめぐり、物語の世界に思いを馳せてみましょう。宇治はまた、日本有数の茶どころとしても知られており、抹茶スイーツが味わえるお店もたくさん。平等院の表参道や宇治橋からつづくメインストリートを歩けば、ふわっとお茶の香りに包まれます。五感をくすぐる町を、ゆるりと歩いてみませんか。

宇治十帖のモニュメント

1朝霧橋のたもとに立つ宇治十帖のモニュメント **2**朱塗りの橋が平安の雅を漂わせる朝霧橋。橋の上から見下ろす宇治川は意外にも流れが速くて迫力がある **3**世界遺産の宇治上神社(→P.46)へも立ち寄って

◎◎◎♥平等院鳳凰堂では、ぜひ内部拝観も。平安貴族の憧れた「極楽浄土」の世界が体感できます。

Visit 02
宇治川畔のウサギ神社
御祭神の道案内をしたという逸話を伝えるみかえり兎が幸運のシンボル

宇治神社
うじじんじゃ

みかえり兎の御朱印500円

神使のみかえり兎
物語のなかで中君が亡き父と姉の大君を偲んだ歌にちなむ「早蕨」の石碑が境内の北側にあります。

MAP P.186 B-5
☎0774-21-3041
🏠宇治市宇治山田1
🕐🏠境内自由

Visit 03
平安時代にトリップできる！
当時恋愛のカギとなった「垣間見」や、源氏香の体験コーナーも

宇治市源氏物語ミュージアム
うじしげんじものがたりミュージアム

源氏物語の世界に親しむ
しつらいや、調度品、牛車など多彩な展示、映像などを通して物語や時代背景にふれられます。

MAP P.186 B-4 ☎0774-39-9300 🏠宇治市宇治東内45-26 🕐9:00～17:00(受付終了～16:30) 💴600円 🏠月曜(祝日の場合は翌日)

絵馬にもみかえり兎

宇治抹茶ぱふぇ〈宇治誉れ〉
1936円
濃茶ソフト、抹茶シフォンなど緑のグラデーションが美しい

Visit 04
抹茶スイーツの二大名店はココ！
抹茶スイーツの聖地で大本命の2軒は、趣深い空間ごと味わって

ぷるぷる感ハンパない

辻利兵衛本店
つじりへえほんてん

庭の眺めも見逃せない
創業160余年の宇治茶の老舗。本製茶工場をリノベーションした和モダンなカフェで、香り豊かな抹茶スイーツが味わえます。

MAP P.186 A-5 ☎0774-29-9021
🏠宇治市宇治若森41 🕐10:00～18:00(LO17:00) 🏠火曜

抹茶ソースで "味変" も♪

兎菓子はおみやげに

中村藤吉本店
なかむらとうきちほんてん

生茶ゼリイは必食！
明治から大正期の茶商屋敷を生かした店内で、人気の抹茶スイーツや抹茶体験が楽しめます。

上質な抹茶をふんだんに使った看板メニューの生茶ゼリイ[抹茶]
1380円

MAP P.186 A-5 ☎0774-22-7800 🏠宇治市宇治壱番10 🕐10:00～17:30(カフェ LO16:30)、季節により異なる 🏠1/1

Best time
10:00

アクティブにお参りしてご利益をゲット
恋愛運UPの神社で
縁結びミッションにトライ!

歴史ある神秘の社でこの恋、叶えたい!

歴史ある京都には、さまざまなご利益を授けてくれる神様がおられます。貴船神社の神様は、和泉式部の縁結びの願いを叶えたとして千年を超えるキャリアを誇ります。下鴨神社の摂社・河合神社には、心身の美を

叶えてくれる神様が、上賀茂神社には、かの紫式部も通った縁結びの神様が鎮座しています。ほかに、八百屋の娘・お玉のシンデレラストーリーにちなんだ「玉の輿神社」こと今宮神社も。なりたい自分を描きながら目指すお寺で心を込めてお参りしましょう。

Mission 01

「結び文」で良縁を結ぶ!

授与所は
本宮にあります

貴船神社
きふねじんじゃ

和泉式部も参拝

水の神様を祀る貴船神社は、平安時代の歌人・和泉式部が訪れ、願いが成就したことから縁結びで有名。

MAP P.186 B-4
☎075-741-2016 🏠京都市左京区鞍馬貴船町180
🕐6:00〜20:00(季節により異なる) 🚫無休

■❶本宮の上流に佇む結社が縁結びの社。願いを込めて結び文を結んで ❷むすび守文型1000円 ❸むすび守袋型1000円 ❹限定のあぶらとり紙400円 1

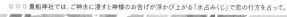

●●●●貴船神社では、ご神水に浸すと神様のお告げが浮かび上がる「水占みくじ」で恋の行方を占って。

034

鏡絵馬
800円

1

2

河合神社
かわいじんじゃ

下鴨神社の摂社

玉のように美しいと誉れ高い玉依姫命を祀ります。神様にあやかって、心身の美を祈願して。

1・**2**手鏡の形をした「鏡絵馬」は、絵馬の裏に手持ちのメイク道具か備え付けの色鉛筆でなりたい顔を思い描きながらメイクをして奉納を

MAP P.174 E-3
（下鴨神社）
☎075-781-0010
🏠京都市左京区下鴨泉川町59
下鴨神社境内 🕘9:00〜16:00 🔒無休

Mission 02

「鏡絵馬」でキレイになる！

Mission 03

「縁結び絵馬」でこの恋、叶える！

縁むすび

片岡社

1

1紫式部にちなみ、十二単姿の女性を描いた縁結び絵馬500円 **2**身体健全の身まもり各1000円

1

2

神紋にちなんだ
ハート形♡

上賀茂神社
（賀茂別雷神社）
かみがもじんじゃ
（かもわけいかづちじんじゃ）

紫式部も参拝

厄除けの神・賀茂別雷神を祀ります。境内の片岡社が、紫式部も参拝したという縁結びの社。

MAP P.175 C-1
☎075-781-0011 🏠京都市北区上賀茂本山339 🕘二ノ鳥居内5:30〜17:00、楼門内8:00〜16:45 🔒無休

1

2

1玉の輿お守800円 **2**神占石の「阿呆賢さん」

今宮神社
いまみやじんじゃ

将軍に嫁いだお玉さん

八百屋の娘から江戸幕府3代将軍家光の側室となり、後に綱吉（5代将軍）を生んだ逸話に由来します。

MAP P.175 C-2
☎075-491-0082
🏠京都市北区紫野今宮町21 🕘9:00〜17:00 🔒無休

Mission 03

「玉の輿のご利益」で幸せをGETする！

平安神宮の門前×
パリの市みたいな雰囲気が最高!

――― 市を楽しむコツ ―――
☑ 掘り出し物を探すなら、午前中のうちに
☑ 戦利品を入れるサブバッグを持参して

かわいい掘り出しものをハント!

京都をはじめ、アメリカ、ヨーロッパ、アジアなどから旅してきたアンティークは、テーブルウェアや雑貨など、実用的な品も豊富。店舗は毎月変動するので、次の開催も気になる!

Best time
10:00

実はパリの姉妹都市だから
アンティークマーケットからの
ピクニックでしゃれこむ

今度の京都旅は"市"の日に合わせる?

京都のお寺や神社では、毎月さまざまな縁日が行われています。月に一度、文化ゾーン岡崎では、平安神宮應天門前の岡崎公園にたくさんのテントが並びます。アンティークの品が中心だから、一期一会の宝物探しに夢中になりそう。市のあとは、会場から徒歩圏内のミュージアムカフェENFUSEのピクニックプランを事前予約しつつ、名店ラヴァチュールの絶品タルトタタンをテイクアウトして、青空の下でピクニックはいかが。

平安蚤の市
へいあんのみのいち

毎月開催

運命の一品を探して
京都の姉妹都市パリの蚤の市のように、古いものをを愛する世界中の人たちで賑わうようにとの思いを込めて2019年にスタート。毎月1回開かれ、100を超える出店が並びます。
[MAP]P.182 D-4
☎070-1745-1503(平安蚤の市実行委員会)●京都市左京区岡崎最勝寺町 岡崎公園 平安神宮前広場 ◉9:00〜16:00

○○○ 庵都(→P.60)やシュイロ(→P.95)は会場から徒歩圏内。P.28の着物散策と組み合わせてもいいかも。

名物の
タルトタタン♡

タルトタタン
800円
1ホールにリンゴを20個
以上も使用し、飴色にな
るまで焼き上げた逸品

本場で認められた絶品タルトタタンを、
戦利品と味わう

LA VOITURE
ラ ヴァチュール

本場フランスも認めた逸品
創業50年を超えるクラシカ
ルなカフェ。先代であるおば
あさまからレシピを受け継い
だという名物のタルトタタン
は、リンゴのおいしさがギュッ
と詰まっています。
MAP P.182 D-4 ☎075-751-
0591 ♠京都市左京区聖護院円
頓美町47-5 ⏰11:00～18:00
（LO17:30）🔒月曜、不定休

美術館併設カフェの
かわいいセットで楽々おしゃピク！

この市もステキ！

上賀茂手づくり市
かみがもてづくりいち

毎月
第4曜

世界遺産の境内で開催
世界遺産の上賀茂神社で毎月開かれるハンド
メイドマーケット。境内を流れる川沿いを中
心に、うつわや雑貨、スイーツなどバラエティ
豊かな品が並び、多くの人で賑わます。
MAP P.175 C-1 ☎075-864-6513（株式
会社クラフト）♠京都市北区上賀茂本山
339 上賀茂神社境内 ⏰9:00～15:00

ENFUSE
ピクニックプラン
2300円～
春・秋の期間限定プラン。
3日前の19時までにHPに
て要予約。お弁当セットま
たはサンドイッチセット
と、ワンドリンクが選べる

どこで
食べよう？

ENFUSE
エンフューズ

P▶74

白亜のミュージアムカフェ
京都市京セラ美術館のメインエントランス
横にあるカフェ。ランチからカフェタイム
まで京都の食材を中心としたメニューがス
タンバイ。展覧会とのコラボ和菓子も。

夷川餃子なかじま 団栗店
えびすがわぎょうざなかじま どんぐりてん

さらっとした京餃子
京都ぽーくや国産野菜を使ったぎょうざは1人前
380円。もうひとつ、と箸が進みます。

MAP P.180 F-5 ☎075-533-4126 京都市東山区団
栗通大和大路西入六軒町206-1 ⏰11:30～LO14:00、
17:00～LO22:30 無休

IN THE
Morning (6:00-10:00)

☺☺☺ 団栗橋のすぐそばには鴨川があります。飲んだあとは、鴨川のほとりに座って川風に吹かれるのも心地いいですよ。

038

サウナ×最強グルメ、夢の饗宴

サウナからの
ぎょうざ&昼ビール!

完全予約制の貸し切りで安心

サウナストーンに水をかけて水蒸気を発生させる「ロウリュ」も自分好みに楽しめる

汗を流したあとにビールで乾杯!

焼きたてのジューシーなぎょうざと冷たいビールは誰もが認める相性の良さ! 祇園の飲食街どんぐり会館の1階にある夷川餃子なかじま団栗店の奥には、そんな最高の瞬間を味わう前に、サウナ&銭湯で思いっきり汗て酔いしれて。

を流すというスペシャルな演出が用意されています。ありそうでなかったコラボは、その名も「ぎょうざ湯」。誕生以来男女問わず多くの人々をとりこにしています。昼間からサウナ&銭湯からのぎょうざ&ビール、そして2軒目、3軒目と館内をハシゴし

水風呂に入ってシャキッ!

水風呂の水は、鴨川水系の地下水を汲み上げているそう。軟水なので肌あたりがやわらか

空を仰ぎ見る露天風呂へ

湯船の片側が斜めになっているので、背中を伸ばしてくつろげる。休憩用の椅子もある

待ち焦がれた瞬間が目の前に

銭湯&サウナで心身をデトックスしたあとは、待ちに待ったぎょうざ&ビールで乾杯〜!

どんぐり会館

1F	サウナ・水風呂　ぎょうざ湯
1F	夷川餃子なかじま 団栗店
2F	京都サムゲタンとっとり
2F	鉄板BDY フジサン、シロトクロ
2F	酒と肴 MURO

四条大橋のひとつ南の団栗橋から東へすぐ。昭和の面影を残す建物を再生し、2022年に誕生した複合飲食施設です。韓国料理、鉄板焼き、和食、ワインの店など、ここだけでディープな"京都飲み"を満喫できます。

ぎょうざ湯

MAP P.180 F-5

☎075-533-4126　▲京都市東山区団栗通大和大路西入六軒町206-1　◎10:00〜23:20(1日7組、80分入れ替え制)※火曜12:00〜　無休

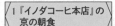

1『イノダコーヒ本店』の 京の朝食

バター香るクロワッサンや、ふわとろのスクランブルエッグ、オリジナルのボンレスハムなど彩りも美しい正統派。1680円（～11:00）

厚めたまごにワクワク♪

全てにおいて理想の朝食☀

2『喫茶チロル』の 玉子サンド

塩だけで味を付けたシンプルな卵焼きとパンのやわらかさとが調和。キュウリのシャキッとした食感がアクセントに。800円

憧れの名店でテンションUP↑

カフェのモーニング

地元の人にも愛される人気店が集結！
心もおなかも満たしましょう。

4『COFFEE HOUSE maki』の モーニングセット

パンの中に朝食が!?

たっぷりトッピングがうれしい！

くりぬいた食パンをうつわに見立ててサラダを盛り付けたキュートなひと品。自家製ドレッシングやバターが染みたトーストも美味。780円

3『梅香堂』の 小倉クリームホットケーキ

昔懐かしい味わい。粒あんとアイスクリームものって、ボリュームたっぷり。930円。9月中旬～5月中旬の期間限定

フワフワ〜♡

4
COFFEE HOUSE maki
コーヒー ハウス マキ
MAP P.174 D-4
☎075-222-2460 🏠京都市上京区
河原町今出川上ル青龍町211 ⏰8:30
～ LO16:30 🈺火曜

3
梅香堂
ばいこうどう
MAP P.185 C-4
☎075-561-3256 🏠京都市東山区
今熊野宝蔵町6 ⏰10:00～LO17:30
🈺火曜、月曜不定休

2
喫茶チロル
きっさチロル
MAP P.177 C-1
☎075-821-3031 🏠京都市中京区
門前町539-3 ⏰8:00～16:00 🈺
日曜、祝日

1
イノダコーヒ本店
イノダコーヒほんてん
MAP P.180 D-2
☎075-221-0507 🏠京都市中京区
堺町通三条下ル道祐町140 ⏰7:00
～ LO17:30 🈺無休

外はカリッ、なかはふわっとしたフレンチトーストは、卵の風味豊か。自家焙煎のコーヒーとのハーモニーも楽しんで。750円

6『スマート珈琲店』のフレンチトースト

油感ゼロのふんわりとした焼きドーナツにシロップが染み込み、ジューシーな味わい。ナイフとフォークで召し上がれ。980円

5『koé donuts kyoto』のドーナツメルトストロベリー

smart

← 自家製シロップ
たっぷりかけてね←♡

優月券の
ビジュアル⛰

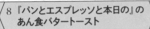

7『やまもと喫茶』のあんこトースト

近所の山梨製餡から仕入れる大納言小豆の粒あんをトーストにオン。アイスはサラダに変更も可能。ドリンクとセットで900円

8『パンとエスプレッソと本日の』のあん食バタートースト

あんバターは無敵だ😍

練り込んだ藻塩がアクセントの「塩あん食パン」の厚切りトーストに、あんとホイップバターをトッピング。ドリンク付き1000円

アイスも一緒にのせちゃう!?
あんことアイス、て最強!

8
パンとエスプレッソと本日の
パントエスプレッソとほんじつの
MAP P.184 D-3 ☎075-746-2995 🏠京都市中京区指物屋町371 ⏰9:00～18:00(イートイン～17:00) 🚫不定休

7
やまもと喫茶
やまもときっさ
MAP P.176 E-1 ☎075-531-0109 🏠京都市東山区白川北通東大路西入ル石橋町307-2 ⏰7:00～LO16:30 🚫火曜、不定休

6
スマート珈琲店
スマートコーヒーてん
MAP P.180 E-2 ☎075-231-6547 🏠京都市中京区寺町通三条上ル天性寺前町537 ⏰8:00～19:00、2Fのランチ11:00～LO14:30 🚫無休(ランチ火曜休)

5
koé donuts kyoto
コエ ドーナツ キョウト
MAP P.180 E-4 ☎075-748-1162 🏠京都市中京区新京極通四条上ル中之町557 京都松竹阪井座ビル1F ⏰9:00～20:00 🚫不定休

なんてすてきなの♡

IN THE Morning (6:00-10:00)

1 京菜味のむら 錦店
きょうさいみのむら にしきてん
MAP P.180 D-4
☎075-252-0831
🏠京都市中京区麩屋町通錦小路下ル桝屋町513 ⏰8:00～ LO15:00 🈚無休

1 『京菜味のむら 錦店』の雅ご膳

野菜がメインのおばんざい12種を色とりどりのガラスのうつわに盛り付けた華やかな御膳。看板メニューの湯葉丼と味噌汁付き1800円。ほかに、朝雅ご膳1500円も

どれから食べる？

2 『富小路粥店』の中華とり粥

老舗和食店「御料理めなみ」の技が光る一品は、鶏ガラスープで炊いた米にスープを加えて仕上げる。900円（おばんざい1品150円～）

やさしさが染み入る京の味

和の朝ごはん

ダシを効かせた味わいに、ホッ。
毎日食べたくなる厳選モーニングをご案内。

2 富小路粥店
とみのこうじかゆてん
MAP P.180 D-5
☎075-744-0662
🏠京都市下京区徳正寺町41-2 ⏰7:00～16:00 🈶水曜

朝の体にしみわたる…

3 一乗寺中谷
いちじょうじなかたに
MAP P.174 F-2
☎075-781-5504 🏠京都市左京区一乗寺花ノ木町5 ⏰9:00～18:00（茶屋LO17:00）🈶水曜

3 『一乗寺中谷』の京雑煮のいろどりごはん

丸餅が入った京風白味噌雑煮は、食べる直前に花がつおをかけて。和菓子づくりの材料を生かした赤飯やごま豆腐も付く。1150円

これが京都の味です♡

044

山盛り〜〜〜

削りたてをたっぷりと

4 『鰹節丼専門店 節道』の 最高級名物鰹節丼A定食

香り豊かな最高級鰹節がこぼれ落ちそうなほどたっぷり！ 〆には滋味深い出汁茶漬けを味わって。1000円〜

4 鰹節丼専門店 節道
かつおぶしどんせんもんてん ぶしどう
MAP P.180 D-2
☎075-744-0758 京都市中京区道祐町135-1 三条食彩ろぉじ
7:00 〜 14:30、17:00 〜 22:00
（火曜は朝昼のみ営業）不定休

栄養満点でうれしい♡

正統派の朝食♪

5 『僧伽小野 京都浄教寺』 の朝御膳（紫雲）

羽釜で炊いたご飯をはじめ、僧伽ちらし、本日の焼き魚、生麩田楽、出汁巻き、白和え、胡麻豆腐などが付く。2530円（朝食は予約不可）

5 僧伽小野 京都浄教寺
さんがおのきょうとじょうきょうじ
MAP P.180 E-5 ☎075-708-8868
京都市下京区寺町通四条下る貞安前之町620番 三井ガーデンホテル京都河原町浄教寺2F 6:30〜LO10:30、11:00〜LO14:30、17:00〜LO20:30 無休

いろとりどりでかわいすぎ

6 『花梓侘』の つまみ寿し

甘さを抑えた赤酢のシャリに、昆布〆の鯛、漬けまぐろ、生湯葉などをのせた季節替わりのお寿し。15貫3630円（赤だし、デザート付き）

6 花梓侘
かしわい
MAP P.174 D-2
☎075-491-7056 京都市北区小山下内河原町3-3 9:00 〜 LO10:30、11:30〜LO13:30 テイクアウト9:00 〜 17:00 水曜、第2・4火曜

朝からぜりたく！！

一日のはじまりをSweetに

朝の甘いもの

朝からスイーツをほおばれば贅沢な気分。
とっておきの甘いひとときを。

1 『酒菓喫茶 かしはて』
の朝菓子の会

フルーツを中心とした全4品のコース仕
立てで提供。ウェルカムドリンク付き
3800円。3営業日前までに要予約

1 酒菓喫茶 かしはて
しゅかきっさ かしはて

MAP P.182 F-2 ☎なし 🏠京都市左京
区浄土寺上南田町37-1 🕐朝菓子の
会10:00 〜 12:00、カフェ12:00 〜
LO16:30 🔒水曜、不定休

2 お菓子 つくる
おかし つくる

MAP P.175 C-3 ☎075-205-3878 🏠京
都市上京区瑞光院前町36-2 🕐公式insta
gramを要確認 🔒月・火曜、不定休

2 『お菓子 つくる』
のホットケーキ

フライパンでじっくりと焼き上げるため、しっ
かりした食べ応えとふんわり感を両立。ひと
口目はぜひそのままで味わって。860円

焼きたて♡♡♡

ふわふわもちもち…！

3 『loose kyoto』
のドーナツ

国産全粒粉など吟味し
た素材で作るドーナツ
は、自家焙煎のコーヒー
とベストマッチ。プレーン
ドーナツ250円、ラテ
550円

3 loose kyoto
ルース キョウト

MAP P.178 D-4
☎070-8364-3221 🏠京
都市東山区清水4-163-6
🕐9:00 〜 18:00 🔒不定休

野菜たっぷりがうれしい♪

至福のモーニング

4 『Lignum』のチーズトースト

チェダーとカマンベールの2種のチーズがとろ～りとろける人気メニュー940円にベーコンとミニケールサラダ各660円をプラス

4 Lignum
リグナム

MAP P.182 D-5
☎075-771-1711 🏠京都市左京区岡崎円勝寺町36-1 1F ⏰8:00～18:00 🔒月曜

5 『THE CITY BAKERY』のCBブレックファースト

1298円。NYスタイルのモーニングプレートに添えるパンは、追加料金でトーストをプレッツェルクロワッサンに変更できる

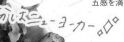

気分はニューヨーカー

コーヒーを傍らに楽しみたい

ベーカリーカフェ

サクッ&フワッの焼きたてで五感を満たすブレックファストを。

5 SCHOOL BUS COFFEE BAKERS
スクール バス コーヒー ベイカーズ

MAP P.184 D-4 ☎075-585-5583 🏠京都市中京区少将井町240 Hyatt Place Kyoto 1F ⏰8:00～19:00（ブレックファスト LO10:30、ランチ11:30～LO15:00） 🔒不定休（ベーカリーコーナーのみ火曜）

6 THE CITY BAKERY 京都四条寺町
ザ シティ ベーカリー きょうとしじょうてらまち

MAP P.180 E-5 ☎075-606-5181 🏠京都市下京区寺町通仏光寺上ル中之町569 ⏰8:00～19:00 🔒不定休

6 『SCHOOL BUS COFFEE BAKERS』のスクールバスプレート

店名にちなんだスクールバス形の食パンは、唯一無二のかわいさ！スクランブルエッグとの相性もぴったり。1500円（1日15食限定）

朝からガツンと

京都24H 瓦版 朝刊

IN THE Morning (6:00-10:00)

京都だからこそのおすすめコンテンツを集めました。朝が充実すれば旅の満足度が格段にアップするはず。

旅のはじまりはココから 朝活で賢くめぐる！

旅をもっと充実させるとっておきの決めワザ

出発前に地上100mの京都タワー展望室に上がり、その日の目的地やルートをシミュレーションしておけば効率アップ。また、乗り降り自由の観光路線バス「スカイホップバス京都」も活躍度大。嵐山では開館時間の30分前から入館できる福田美術館「朝活チケット」も要チェックです。

福田美術館
ふくだびじゅつかん
MAP P.185 B-2 ☎075-863-0606 ★京都府右京区嵯峨天龍寺芒ノ馬場町3-16 ◎10:00～17:00（入館～16:30）、朝活チケット購入者は9:30～ ◎1500円 ⚫展示替期間、年末年始

スカイホップバス京都
スカイホップバスきょうと
MAP P.185 B-4
☎075-286-8844（受付時間9：30～18：00）※運行日のみ ★乗り場は京都駅烏丸口のりば（定期観光バスのりば）◎9:20～17:00の間に11便運行 ◎1日券3500円

爽快！360°のパノラマビュー！

京都タワー
きょうとタワー
MAP P.185 B-4
★京都市下京区烏丸通七条下る ◎10:00～21:00（最終入場20:30）◎900円 ⚫無休

京都駅に降り立つとまず迎えてくれるのがシンボルの京都タワー

朝からごきげん！キュート♡なモーニング

ねこ形食パンを七輪でトースト

キャラメル、ブラックココア、プレーンの3種の風味の三毛猫模様の食パンを、七輪にのせて自分好みにトーストできる祇園新橋店限定「イクスカフェの朝ごはん」1650円。朝からキュンとなるメニューは、お団子2本とドリンクも付いています。

小豆やクリームで顔を描いて

いま注目のエリアなら 宇治へGO！

大河ドラマで再注目 宇治がアツい

『源氏物語』「宇治十帖」の舞台となった宇治にご注目。世界遺産の宇治上神社では、願い人形を奉納したり、カラフルなうさぎみくじを選んだり。また、抹茶ロースタリー「宇治 抹茶ロースタリー」では、これまでになかった新感覚の「ロースト抹茶」を味わってみては。

本格派の焙煎・石臼挽きしたロースト抹茶。ドリンク、スイーツなど30種

全5色のうさぎみくじ

抹茶ロースタリー
まっちゃロースタリー
MAP P.186 A-5 ☎0774-34-1125 ★宇治市宇治妙楽146 ◎10:00～17:30（LO17:00）⚫無休

宇治上神社
うじかみじんじゃ
MAP P.186 B-5 ☎0774-21-4634 ★宇治市宇治山田59 ◎9:00～16:30 ⚫無休

eXcafe 祇園新橋
イクスカフェぎおんしんばし
MAP P.179 C-1 ☎075-533-6161 ★京都市東山区元吉町57-1 ◎9:00～18:00（モーニングは～11:00）⚫不定休

お寺で心身を浄化 坐禅にチャレンジ！

京都でいちばん古い禅寺・建仁寺境内に佇む塔頭寺院の両足院は、勝運のほか、商売繁盛や縁結びのご利益で信仰されています。初心者でも参加OKの坐禅会をはじめ、時代を先駆けた取り組みを行なっており、これからもますます目が離せません。

祇園のお寺でココロを整える

> キュートな虎みくじも

両足院
りょうそくいん
MAP P.179 C-3 ☎075-561-3216 ♠京都市東山区大和大路通四条下ル四丁目小松町591 建仁寺山内 ♠HPを要確認

夏の期間限定！ 世界遺産の二条城で 朝観光＆モーニングを満喫

通常非公開の空間で特別な朝食を

二条城は、徳川家康が築城し、幕末史を大きく揺るがしたあの大政奉還の意思表明がなされた歴史的大舞台です。毎年夏の約2か月間、城内の香雲亭で和朝食を味わえる完全予約制のプランがあります。HPで要チェック！

> 料理の内容は毎年変わる

元離宮二条城
もとりきゅうにじょうじょう
MAP P.175 C-5 ☎075-841-0096 ♠京都市中京区二条城町541 ⏰8:45〜16:00[閉城17:00] 🔒12/29〜12/31

※写真はイメージ

開門直後は空気も爽やか 早朝はご利益UP!?

有名な神社やお寺は朝イチでお参り

清水寺、東寺、龍安寺など世界遺産に登録されている京都の社寺・史跡はぜんぶで17つ。そのなかでも人気のお寺や神社は、週末ともなれば9時にはすでに参拝の人でいっぱいになることも少なくありません。せっかくなら、門が開く時間を目指して出発し、人が少ない時間帯に訪れたいものですね。空気がキレイで、静かで、写真も撮りやすくて、良いことづくし！お参りからはじまる一日は、気分も晴れやかになって、「早起きは三文の徳」の言葉をきっと実感できます。

平安神宮
へいあんじんぐう
P▶29

上賀茂神社
かみがもじんじゃ
P▶35

早朝拝観リスト
※季節により時間が異なる場合あり

北野天満宮	7:00〜→P.73
西本願寺	5:30〜
東本願寺	5:30〜
清水寺	6:00〜→P.14
平安神宮	6:00〜→P.29
下鴨神社	6:00〜→P.16
東寺	8:00〜→P.161
上賀茂神社	5:30〜→P.35
龍安寺	8:00〜
南禅寺	境内自由
伏見稲荷大社	境内自由→P.15

清水寺
きよみずでら P▶14

写真提供：清水寺

京都の昼

AROUND

Noon

11:00 - 13:00

すがすがしい朝ならではの時間を満喫したあとは、哲学の道や清水寺参道をそぞろ歩いたり、恋焦がれてたあのお店でランチしたり。京町家や鴨川、貴船や大原などロケーションごとの素敵な空気感も楽しみましょう。

手鞠鮨と日本茶 宗
田(→P.78)では、こ
ろんとしたフォルム
が愛らしいお寿司が
季節の移ろいを教え
てくれます

小鳥の声も
聞こえる♪

Best time
11:00
ステキな社寺もカフェも満喫！
哲学の道・寄り道さんぽ

1 木陰が多く、散歩にぴったり 2 桜が咲き誇ると、水面まで薄紅色に染まる 3 苔むす山門が味わい深い法然院 4 要所要所に案内板があるので、迷わず気ままに歩ける

哲学の道
てつがくのみち
MAP P.182 F-2

四季の彩りとせせらぎが織りなす道

南禅寺から北へ12分ほどの若王子橋から銀閣寺橋までの約1・5kmにわたってつづく哲学の道。哲学者・西田幾多郎のお気に入りの道だったことからこの名で呼ばれています。さらさらと流れてゆく琵琶湖疏水のほとりが春夏秋冬の風趣に満ちた色彩に染まり、とくに爛漫の春を謳歌できる桜と、赤や黄のグラデーションを描く紅葉シーズンは、一度は見ておきたい美景です。周辺に点在するお寺や神社を訪ねたり、カフェ＆ショップに寄り道したり、思索にふけりながらゆるりと歩いてみては。

♦♦♦ 桜の見頃を過ぎたあと、舞い散った花びらがせせらぎに浮かぶ「花筏」の風情もすてき。

安楽寺②

銀閣寺→ ← 5

THE DINNER ③

大豊神社 ①

南禅寺 ▶

哲学の道

鹿ケ谷通

一般公開期間中オープンするカフェでほっこり

1 珍しい狛巳には、金運アップのご利益があるとか **2** 椿が咲く頃にはこんな愛らしい姿に

縁結びのご利益も

② 安楽寺
あんらくじ

寺カフェ

拝観は一般公開の時期に
通常非公開ですが、桜、ツツジ、サツキ、紅葉の時期のみ一般公開。山門前の石段を紅く染め上げる散紅葉も有名。

MAP P.182 F-3 ☎075-771-5360 ♠京都市左京区鹿ケ谷御所ノ段町21 ⏰10:00〜16:00 🔒春と秋のみ公開

① 大豊神社
おおとよじんじゃ

狛ねずみ

狛犬ではなく狛ねずみ！
祭神の大国主命をねずみが助けたという古事記の逸話にちなみ、狛ねずみが。他にも狛巳、狛猿、狛鳶が鎮座。

MAP P.182 F-3 ☎075-771-1351 ♠京都市左京区鹿ケ谷宮ノ前町1 ⏰境内自由（社務所9:00〜17:00）🔒無休

ボリュームたっぷり

1 店主みずから内装を手がけたという店内は開放的な雰囲気 **2** チーズステーキサンド1430円

③ THE DINER
ザダイナー

古民家ダイニング

ガッツリ食べたいときに重宝
アメリカで暮らした店主がフィラデルフィアの郷土料理をベースに腕をふるいます。パンにもこだわりが。

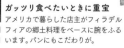

MAP P.182 F-3 ☎なし ♠京都市左京区鹿ケ谷法然院町16-2 ⏰12:00〜18:00 🔒水曜

銀閣寺
（慈照寺）

法然院
④

ボンワール京都

brown eyes
coffee

⑨

⑥

Salon de thé
Mercredi
⑤

哲学の道

鹿ケ谷通

酒菓喫茶 ⑧ ⑦ GOSPEL
かしはて

大きめで
食べ応えあり

1

2

南禅寺 ▶

静けさが
漂う境内

⑤ フランス菓子

Salon de
thé Mercredi
サロン ド テ メルクルディ

"おやつがコンセプト
長年親しまれてきた雑貨店・忘我亭がリニューアルし、フランス菓子店を新設。本格派の味で一躍人気店に。

MAP P.182 F-2
☎075-771-5541 🏠京都市左京区浄土寺上南田町86 忘我亭哲学の道1F
🕙10:30 ～ 17:00（サロン12:00 ～）🔒不定休

1 刻んだブラッドオレンジを生地に織り込んだガレット500円 **2** クロワッサン生地のパン・オ・レザン500円

④ **法然院**
ほうねんいん

アートな白砂壇

水を表す白砂壇に注目
法然上人と弟子が結んだ草庵。山門の先にある、季節替わりの一対の白砂壇は、間を通ることで浄化を意味します。

MAP P.182 F-2
☎075-771-2420
🏠京都市左京区鹿ケ谷御所ノ段町30
🕕6:00 ～ 16:00
🔒無休（伽藍は特別公開時のみ拝観可）

蔵カフェ

⑥ **brown eyes coffee**
ブラウン アイズ コーヒー

築120年の蔵を改装
土壁や梁など古き良き素材を残しながらモダンにリノベーション。ハンドリップコーヒーや自家製チーズケーキが評判です。

MAP P.182 F-2
☎080-5355-2020
🏠京都市左京区銀閣寺町81 🕙10:30 ～
LO16:30 🔒水曜

❀❀❀ Salon de thé Mercrediは、哲学の道の景色が間近に楽しめる小さなテラス席もおすすめです。

AROUND Nooh

052

スコーンと
紅茶のセット

BGMも
心地いい♪

レトロ
洋館

⑦ GOSPEL
ゴスペル

クラシカルな洋館カフェ

蔦の絡まる洋館は、ヴォーリズ建築事務所の設計によるもの。天井高4mの開放的な空間で優美な時間が過ごせます。

MAP P.182 F-2 ☎075-751-9380 🏠京都市左京区浄土寺上南田町36 ⏰12:00～18:00 🚫火曜、不定休

朝菓子の会
(→P.44)も♪

アジアと西欧のテイストが融合したインテリアにもセンスが光る

お酒と
喫茶

旬の素材を
ちりばめて

⑧ 酒菓喫茶 かしはて
しゅかっきっさ かしはて

できたてのデザートに♡

京都の人気店で菓子づくりの技と感性を磨いた得能めぐみさんによるカフェ。洋酒やスパイスを生かした大人の味わい。

P▶44

❶ 本日のパフェ 1550円～。この日はイエロー系のフルーツでまとめた黄色いパフェ **❷** やさしい甘さのチャイ780円。ラム酒を加えるラムチャイも人気

和が香る
洋菓子店

おみやげに
いいかも

❶ 千代あつめ 各454円は、和柄の華やかなパッケージ

⑨ ボノワール京都
ボノワールきょうと

京町家風の店構え

バリエーション豊富な手のひらサイズの板チョコ「千代あつめ」は、京都の美を追求したデザインが素敵です。

MAP P.182 F-2 ☎075-771-1010 🏠京都市左京区銀閣寺町75-1 ⏰10:00～17:00(季節により異なる)🚫火・水曜

東山の象徴
八坂の塔

次はどこで
写真撮る？

AROUND
Noon (11:00-13:00)

フォトジェニックな
石畳をはんなり散歩

清水寺への参詣は、平安時代からのスタンダード。参道の二寧坂や産寧坂、八坂の前にのびる夢見坂は、古都の情緒がひときわ漂う通りで、とくに産寧坂は、重要伝統的建造物群保存地区に指定

されて景観が守られています。参道沿いには、京みやげ店、気軽なテイクアウトスイーツのショップ、ゆったりくつろげるカフェなど、バラエティ豊かなお店が軒を連ねます。着物姿に変身して歩けば、旅の思い出も深まりますよ。

坂道さんぽで清水名物を満喫！

くり猿を奉納して
願いを叶える

八坂庚申堂
やさかこうしんどう

MAP P.178 D-4
☎075-541-2565
🕘9:00 ～ 17:00 🏠境内自由

りんご飴680円
はカットタイプも

パリッ食感も魅力の
本格派りんご飴

代官山 Candy apple 清水二寧坂店
だいかんやま キャンディー アップル きよみずにねんざかてん

MAP P.178 E-4
☎075-606-4230 🏠京都市東山区桝屋町351-
11-5 🕘10:30 ～ 18:30 🏠無休

新旧のショップに
ワクワク♪

二寧坂(二年坂)
にねいざか(にねんざか)

MAP P.178 E-4

たい焼き
各 320 円

八坂の塔の前で
記念撮影が定番

まめものとたい焼き 清水店
まめものとたいやき きよみずてん

MAP P.178 D-4
☎075-746-5255 🏠京都市東山区中道通松原上
る月輪町94 🕘10:00 ～ 17:00 🏠無休

コーヒーミルク
650 円

セレクトショップ併設の
コーヒースタンド

日東堂
にっとうどう

MAP P.178 D-4
☎075-525-8115 🏠京都市東山区八坂上町385-
4 🕘10:00 ～ 18:00 🏠不定休

お茶の魅力にふれる
ティーラウンジ

雲ノセット
1280 円

雲ノ茶 清水三年坂店
くものちゃ きよみずさんねんざかてん

MAP P.178 E-4 ☎075-551-5570 🏠京都市東山
区産寧坂松原上る入清水3-317 🕘10:00 ～ 18:00
(土・日曜、祝日～ 18:30) 🏠無休

ソフトクリーム
650 円

クロワッサンが
看板メニュー

和素材×パリの
パン&スイーツ

LIBERTÉ PÂTISSERIE BOULANGERIE 京都清水店
リベルテ パティスリー ブーランジェリー　きょうときよみずてん

MAP P.178 E-4
☎075-606-4030 🏠京都市東山区清水2丁目
208-9 🕘9:00 ～ 17:00 🏠無休

CHAKARO
各 410 円～

八坂の塔を望む
高台寺の境内カフェ

French cafe CHASEN 高台寺
フレンチ カフェ チャセン こうだいじ

MAP P.178 E-3
☎075-366-5905 🏠京都市東山区下河原町
526 高台寺境内 🕘11:00 ～ LO20:30 🏠無休

宝石みたいな
季節替わりの
和菓子

串和菓子
1 本 500 円

伊藤軒／ SOU・SOU 清水店
いとうけん ソウソウ きよみずみせ

MAP P.178 E-4
☎0120-929-110(大代表) 🏠京都市東山区清水
3-315 🕘10:00 ～ 18:00 🏠不定休

花街祇園の町家 × 季節野菜たっぷりせいろ蒸し

フタを開けると湯気がホワーッ

祇園 ふじ寅
ぎおん ふじとら

滋味豊かな和のランチ

選び抜いた京都の素材が中心。西陣のベジサラ舎から仕入れる新鮮野菜、京都ぽーく、炊き込みごはんの3種のせいろ蒸しを堪能。

季節野菜のせいろごはん2750円は、うね乃のダシを使ったお吸い物や抹茶パンナコッタ付き

MAP P.180 F-5 ☎075-561-3854
🏠京都市東山区宮川筋1-231-1
⏰11:00 ～ LO17:00 🈹水曜

Best time
12:00

手作りの味にハズレなし！
京情緒と味わう♡町家ランチ

京都らしくて、ホッと落ち着ける場所といえば、やっぱり町家。評判のあの店を目指して。

元豆腐店の町家 × 京野菜おばんざいプレート

京丹波のたまごプリンも♪

豆腐ハンバーグと京野菜のおばんざいプレート1350円は、栄養バランスも抜群で、毎日食べたい

くつろいでくださいね

食と森
しょくともり

おいしく食べてSDGs

フードロスに真摯に取り組む店主の思いが込められた、身体にも環境にも優しいワンプレートランチが評判。大正時代の面影が残る空間で至福の時間を。

MAP P.185 B-3
☎080-4703-4028 🏠京都市下京区蛭子水町605 ⏰11:30 ～ LO14:30 🈹不定休

♦♦♦食と森の店主は、イタリアンやフレンチの星付きレストラン出身。味はもちろん盛り付けの美しさにも魅了されます。

056

錦市場すぐの×おしゃれ洋食と
モダン町家　自家焙煎コーヒー

❶RUFFセット2640円は、ハンバーグ、エビフライ、デリなどに3種のパンが付く ❷席は1階と2階があり広々 ❸喫茶店のプリン660円

RUFF
ルフ

デザートも
好評です

昔ながらの
プリン♡

ボリュームに大満足

焼きたてのパンが味わえるベーカリーカフェ。ボリューム満点のプレートランチは、パンと合うように考案されたソースが決め手です。

MAP P.181 C-3 ☎075-746-2883 🏠京都市中京区高倉通錦小路上ル貝屋町564 🕙11:00～18:00 🔒不定休

築100年の×老舗酒造の
町家　発酵食プレート

ランチプレート2500円。酒粕レーズンバター＆酒粕クリームチーズなど季節替わりの12種類の惣菜のほか、酒粕ポタージュ、炊き込みご飯、酒粕フィナンシェが付く

純米酒粕 玉乃光
じゅんまいさけかす たまのひかり

酒粕の可能性に着目

酒どころ伏見の玉乃光酒造がプロデュースするレストラン＆ショップ。米と米麹だけで作る「純米酒粕」を使った料理のプレートランチで発酵食を満喫。

MAP P.176 D-2 🏠京都市下京区因幡堂町658-1 ☎075-352-1673 🕙11:30～LO13:30、17:00～LO21:30 🔒不定休

Best time 12:00

京都で外国気分に浸れる！
ランチで気軽に 海外トリップ

進取の気風に富む国際都市だから、世界の食が大集結。人気のランチで妄想旅行しちゃう!?

> 1. 路地裏のカフェで
> 野菜たっぷり韓国ごはん

@KOREA

1 韓国から仕入れた無添加の田舎味噌を使ったテンジャンチゲに小鉢を添えた「五穀飯床」2200円 **2** 自家製五味子茶1000円 **3** サムセクチュアク1500円は、小石がモチーフの韓国の伝統菓子

5つの味を感じてみて

Rico cafe
リコ カフェ

オモニの味になごむ

経営する英会話スクールの1階に開いた韓国ごはんと韓菓のカフェ。人気韓国料理店を営んでいたお母さまによる本格派の味が評判。

MAP P.177 C-1
☎075-432-8907 🏠京都市中京区西ノ京南聖町17-17 ⏰11:00〜17:00 🚫月・日曜

❀ ❀ ❀ 焼肉や激辛料理の印象がある韓国料理ですが、じつは野菜や発酵調味料をふんだんに使った料理が多いそう。

AROUND Noon (11:00 - 3:00)

058

@FRANCE

1 Parisのカフェセット（10食限定）3850円。オードブル880円を添えて **2** 鴨川のそばに佇む隠れ家的カフェ

2. 小さな**屋根裏部屋**でいただく**パリ**のカフェセット

Le cafe de benoit
ル カフェ ド ブノワ

まるで映画のワンシーン

何度も現地に滞在し、フランス愛あふれる店主が手がける、見目麗しいカフェセットが話題。季節のフルーツやドリンクも。

MAP P.180 F-1

☎なし 🏠京都市左京区川端通二条下ル孫橋町31-14 ⏰9:00 〜 LO14:00（1時間制）🔒日・月曜、祝日、その他不定休

---

3. エキゾチックな**レバノン**の**ファラフェル**をパクリ！

汽
き

毎日食べたいヘルシーさ

フレンチ出身のオーナーが手がける人気店。アラブ料理がルーツのスパイスやハーブなどを生かした料理を、ピタに挟んで味わって。

MAP P.179 A-5

☎075-585-4224 🏠京都市下京区市町149 ⏰8:00 〜 LO9:45、11:00 〜 LO14:45 🔒水曜

1 チキンシャワルマサファラフェル2300円。ピタの灰色は炭化した野菜の皮を練り込んでいるため **2・3** スタイリッシュな雰囲気

夢中になるおいしさ

@LEBANON

4. スパイスがやみつきになる**インドの炊き込みご飯**

ビリヤニ専門店 INDIA GATE
ビリヤニせんもんてん インディア ゲート

和の素材と調和

バーのような空間で味わうメニューの一番人気は、鯛出汁チキンビリヤニ。鯛のアラからとった濃厚なダシで炊いたビリヤニは、どこか和のテイストも感じます。

MAP P.181 B-4

☎075-708-2414 🏠京都市中京区天神山町271 ⏰11:30 〜 21:00 🔒水曜

合い盛りもOK

@INDIA

1 店内はカウンター席のみ **2** 鯛出汁チキンビリヤニ1400円。麻婆豆腐、インドの漬物が付く

1

3

2

Best time
12:00

一流のおもてなしと京野菜を堪能♡

ホテルランチは予約マストで。

AROUND Noon (11:00-13:00)

絶景と粋なもてなしにときめきが止まらない

京都の街を潤してきた国の史跡・琵琶湖疏水の傍らに構えるふふ京都は、2021年にオープンしました。古くから受け継がれてきた日本の美意識を随所にちりばめたスモールラグジュアリーリゾートで、館内は、和をベースにしながらもスタイリッシュな雰囲気が漂います。レストラン「庵都（いほと）」の、四季折々の風趣に富む日本庭園と向かい合う窓辺の席は、プライベート感のある素敵な特等席。地元産の京野菜や旬の食材を生かした料理の数々を詰め込んだ、可憐な「福重膳（ふくえぜん）」を召し上がれ。

福重膳 -悠- 3800円
小鉢料理9品 焼物 御飯 庵都汁

ふふ京都の看板料理・福重膳には、「福が重なるように」という願いが込められています。名物の庵都（あんと）汁は、白味噌仕立ての汁物で、京とうふや豚肉、九条ネギが入った風味豊かな逸品
※2日前までに要予約

京野菜と炭火料理 庵都
きょうやさいとすみびりょうり いほと

和の粋にふれる隠れ家

MAP P.182 E-5
☎075-754-3326 京都市左京区南禅寺草川町41 ふふ京都1F ⏰11:30～LO13:30 ※予約制 無休

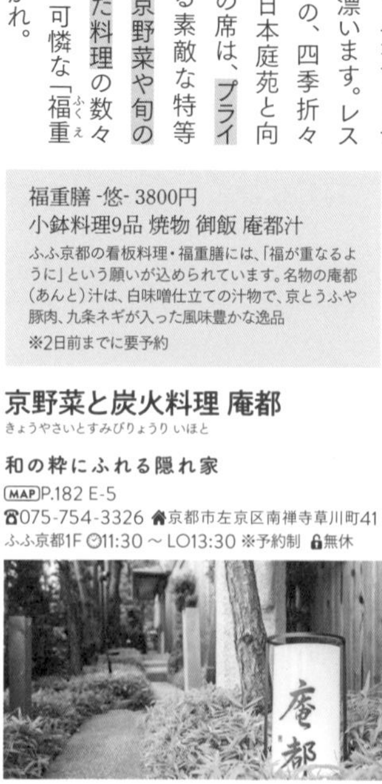

✿✿✿ お造り、ちらし寿司、甘味も付く福重膳「彩」5800円のほか、コース仕立ての会席料理も味わえます。

古くから京の都に恵みをもたらしてきた鴨川と、鴨川の源流にあたる京の奥座敷・貴船。
趣の異なるふたつの「床」で、涼やかなランチタイムを。

鴨川納涼床の最強ポイント
- ☑ 鴨川沿いで食事できる
- ☑ 街なかなのでアクセス抜群
- ☑ 約90軒が営業していてジャンルもさまざま
- ☑ 5～10月末の夜も楽しめる
  （ランチは店舗により異なる）

川を渡る風が心地いい♪

鴨川納涼床

スイーツも付いてます

❶納涼床の営業は5～10月末 ❷窯焼きPIZZA マルゲリータ16
00円、前菜盛り合わせ1200円～など（内容は時期により異なる）

アモーレ木屋町
アモーレきやまち

町家イタリアン
本場さながらのメニューのなかで
も、とりわけ好評なのが窯で焼き
上げるピッツァ。ワインの種類も
豊富にそろいます。

MAP P.179 B-3 ☎075-708-7791 ♠京都市下京区木屋町通り仏光寺下ル和
泉屋町161 ⊙11:30 ～ LO14:30、17:00 ～ LO21:30 ♠無休

❶キッシュ、ピザ、パスタなどから選べるメイン、ドリンク、スイーツ
のセットメニュー1600円 ❷鴨川の彼方には東山が望める

KAWA CAFE
カワ カフェ

京都とフランスが融合
町家をモダンに改装したカフェは、
モーニングからバータイムまでノ
ンストップで営業。時間帯に合わ
せたメニューを提供しています。

MAP P.179 A-3 ☎075- 341-0115 ♠京都市下京区木屋町通松原上ル美濃屋
町176-1 ⊙10:00 ～ 翌0:00 ♠不定休

◇◇◇ 鴨川の西側を流れるみそそぎ川の上に高床を設けるのが「鴨川納涼床」。貴船の「川床」は川のすぐ上に設けるのが特徴。

Best time

12:00

夏のランチはコレで決まり！
最強の川床はどっち? 鴨川vs貴船

貴船の川床の最強ポイント
- ☑ 貴船川の清流の真上で食事できる
- ☑ 夏でもとにかく涼しい
- ☑ 20軒ほどが営業していて京料理が中心
- ☑ 5〜9月に楽しめる

貴船の川床

清流の音が
BGMに♪

1 自家製酒粕クリームを使用した酒かす最中600円〜 **2** 手摘みした山野草を使った自家製「花のレモネード」900円

1 川床懐石料理9900円〜(サ込)には、アユやアマゴなど川の幸も **2** 清流が水しぶきを上げて流れていき、清涼感たっぷり

兵衛 Cafe
ひょうえカフェ

川床デビューに最適

料理旅館「兵衛」が手がけるカジュアルスタイルのカフェで、コーヒー1杯でもOK。予約不要で立ち寄れる手軽さが魅力です。

MAP P.186 B-3 ☎075-741-3077 🏠京都市左京区鞍馬貴船町101 🕐11:00〜16:00 ◎川床席料500円 ◎不定休

貴船 右源太・左源太
きふね うげんた・さげんた

京情緒漂う懐石料理

貴船神社の近くにある右源太は料理旅館、上流にある左源太は季節料理の店。店の前に設えた川床で心づくしの懐石料理が味わえます。

MAP P.186 B-3 ☎075-741-2146 🏠京都市左京区鞍馬貴船町76 🕐11:30〜、14:00〜の二部制、17:00〜LO18:00 ◎不定休(5〜9月は無休)

somushi ohara
ソムシ オオハラ

無農薬のやさしさを

オーナー山口さんが暮らすこの地に「自然の中で本物の癒しを感じてほしい」とオープン。自家畑で採れた野菜が中心。

MAP P.186 B-2 ☎075-205-1361 ♥京都市左京区大原来迎院町118 ⏰10:00 ～ 16:00 🔒月～水曜

せせらぎの音が聞こえる高野川沿いにあり、居心地抜群！テラス席もおすすめ

素夢子古茶家がリスタート
三条室町の人気カフェ

ご飯と混ぜて召し上がれ

SPECIAL LUNCH
somushi ビビンバ
2000 円
お米や卵、野菜などすべて無農薬。おいしさはもちろん安心感も魅力

Best time
12:00

美食家がこっそり通っているのはココ
郊外おとなランチ@大原

比叡山の麓に広がるのどかな大原の里。洗練された名店が増えて、いま目が離せない！

とびきりの薪焼き料理×
ナチュラルワイン

薪の可能性は無限大です

1 流麗な手仕事を眺められるカウンターが特等席 **2** パチッパチッ……薪が静かに弾ける音も心地いい

la bûche
ラ ブッシュ

店名は仏語で「薪」

焼いたり、炙ったりと調理法を巧みに使い分け、地元大原の食材の魅力を最大限に引き出した薪焼き料理を提供。

MAP P.186 B-2 ☎075-600-9196 ♥京都市左京区大原来迎院町400-3 ⏰12:00 ～ 17:30 🔒火曜、不定休

SPECIAL LUNCH
ランチ
※前日までに要予約
8800 円
前菜、デザートまで全7品のお任せコース。この日のメインは鹿肉

❖❖❖ la bûcheのワインセラーには、個性豊かなナチュラルワインを中心に約500種が！ なかに入って好みの1本を選べます。

築130年の古民家で野菜が主役の滋味深い料理を

わっぱ堂
わっぱどう

完全予約制のランチ

店主みずから育てる野菜をはじめ、お米もすべて農薬や化学肥料不使用の地元大原産。旬素材を生かした創作料理が楽しめます。

MAP P.186 A-1 ☎ 075-744-3212 京都市左京区大原草生町102
⏰12:00 〜 14:00、土・日曜11:30 〜または13:30 〜 🔒月曜

SPECIAL LUNCH
ランチコース
3500円(税別)
料理の内容は、予約時のコミュニケーションを経て考えてくれる

夏には赤シソ畑も!

わっぱ堂

la bûche

三千院

お地蔵さんが道案内役

somushi ohara

KULM

カフェでひと休み

ランチのあとはココに立ち寄り!

KULM
クルム

川畔のなごみカフェ

地元野菜を使ったランチのほか、スイーツ、自家製ドリンクが充実。テラス席もあります。

1本日のグリーンカレー1100円 2自家製レモネード600円

MAP P.186 B-2 ☎090-9234-0070 京都市左京区大原来迎院町117 ⏰11:30 〜 16:00 不定休

三千院
さんぜんいん

国宝・阿弥陀三尊を祀る

天台宗の門跡寺院。木立と苔が織りなす有清園をはじめ見どころ満載です。

MAP P.186 C-2 ☎ 075-744-2531 京都市左京区大原来迎院町540 ⏰9:00 〜17:00(11月は8:30 〜・12 〜 2月〜16:30) ⚐700円 無休

お気に入りを見つけて

は 『観山堂』の豆皿1000円〜

和菓子、漬物、薬味、ご飯のおともなど気ままに組み合わせて

あれこれ揃えたい♪

五島特産 純粋 つばき一油

い 『かづら清老舗』のつげ櫛8360円 特製つばき油（クラシックボトル）100mℓ2145円

髪の乾燥を防いでまとまりやすく。肌にも使える万能オイル

毎日使い続けていると、さらさら＆つややかな髪に

白檀や丁字など数種類の香りを合わせたカラフルな香り玉は全5色

に 『尾張屋』のかおり丸 1個198円

ろ 『石黒香舗』のにほひ袋1個473円〜

京友禅や西陣織の小袋と、紐、香りを選んでオリジナルのにほひ袋に

Best time
13:00

ビジュアルも使い心地もGOOD!

飾りたくなる京こもの

憧れの京美人を叶えるアイテムや和文具など、毎日に寄り添ってくれるスグレモノをご紹介します。

ほ 『細辻伊兵衛美術館 ミュージアムショップ』の 手ぬぐい（舞妓さんの四季）2200円 マチ付き巾着1760円 豆うちわ 各880円

春夏秋冬それぞれの四季の風景のなかに舞妓さんが佇む

手ぬぐい生地で作った布巾着。手洗いして長く使える

壁に飾って眺めたい

バッグに入れて持ち歩けるサイズのうちわは、重宝するアイテム

に 尾張屋
おわりや

祇園のお香専門店

部屋で香りを楽しみたいとき用の火をつけてたくタイプのお香や、バッグやクローゼットにしのばせるお香などを扱います。

MAP P.176 E-1
☎075-561-5027
京都市東山区新門前通大和大路東入ル西之町201
8:00〜19:00 不定休

は 観山堂
かんざんどう

祇園の骨董通りの一軒

新門前通にある古美術店で、ふだん使いのカジュアルな骨董のうつわも豊富。日々の食卓を楽しく演出してくれます。

MAP P.176 E-1
☎075-561-0126
京都市東山区新前通大和大路東入之町207 11:00〜18:00（変更の場合あり） 水曜

ろ 石黒香舗
いしぐろこうほ

全国唯一、匂い袋専門店

巾着、ストラップ、インテリアになる置物から防虫香までさまざまな「にほひ袋」が揃います。お気に入りのバッグなどにしのばせて。

MAP P.180 D-2
☎075-221-1781
京都市中京区三条通柳馬場西入桝屋町72 10:00〜18:00 水曜

い かづら清老舗
かづらせいろうほ

舞妓さんも御用達

創業150年以上、女性の髪まわりの小物を扱います。五島列島産の椿を搾って作るつばき油のスキンケア＆ヘアケア商品がおすすめ。

MAP P.179 C-1
☎075-561-0672
京都市東山区祇園町北側285 10:00〜18:00 水曜

●●● 永楽屋の手ぬぐいは、額に入れて壁に飾ったり、贈り物を包んだりと、工夫次第でアレンジが楽しめますよ。

『尚雅堂』の
友禅和紙テープ 各275円
友禅朱印帖goen neon 各1760円
舞妓はん メッセージカード 各352円

友禅和紙をシール加工した幅20mmテープ。カットや加工もしやすい

広げて見られるジャバラ折り

伝統の友禅柄をネオンカラーに仕上げたポップな朱印帖

京友禅紙の着物と帯をめくるとメッセージカードが現れます

喫茶ソワレ、スマート珈琲店、六曜社珈琲店、フランソア喫茶室、梅園、喫茶マドラグの計6店

憧れのあのメニュー♪

舞妓さんに想いを託して

『forme.』の
夢ミル京都喫茶巡り
ブロックメモ 各495円
レターセット605円

シックな色もステキ

カップのロゴデザインなどフランソア喫茶室の優美な意匠をちりばめて

『京都烏丸六七堂』の
ぽち袋 各330円
張り子（おみくじ付）各1980円
動物くるくるカード 各880円

「豚に真珠」などことわざがテーマの、パーツを回して遊べるカード

京都の満足稲荷神社で祈祷済みのおみくじが中に入っている

九条ねぎ、京たけのこ、賀茂なすといった京野菜シリーズが人気

ち forme.
フォルム

御所南の小さな雑貨店
京都在住のイラストレーターが描く話題の「夢ミル京都喫茶巡り」シリーズは、京都で愛される喫茶店6店がモチーフとなっています。
MAP P.184 F-4
☎なし ▲京都市中京区東椹木町126-2 1A ⏰13:00～17:00（変更の場合あり）🚫日・月曜

と 京都烏丸六七堂 京都・八坂通店
きょうとからすまろくしちどう きょうと・やさかどおりてん

八坂の塔そばの和文具店
和紙を扱う老舗が手がける和文具ブランド。日本の四季や古来受け継がれてきた風習をモチーフに、貼り絵の手法を使って表現。
MAP P.178 D-4
☎075-708-5926 ▲京都市東山区星野町93-28 ⏰10:00～18:00 🚫不定休

へ 文具店 tag 寺町三条店
ぶんぐてんタグ さんじょうてらまちてん

寺町通の文具店
「日々愛用でき、飽きのこないデザイン」のオリジナルを中心に豊富な品ぞろえ。人気上昇中の和文具専門店「尚雅堂」の商品も多数。
MAP P.180 E-2
☎075-223-1370 ▲京都市中京区天性寺前町523-2 ⏰10:00～19:00 🚫無休

ほ 細辻伊兵衛美術館 ミュージアムショップ
ほそつじいへえじ@っかん ミュージアムショップ

多彩な手ぬぐい
手ぬぐいの専門店に併設のショップ。友禅の伝統技法で作るポップな柄の手ぬぐいが200種以上も並びます。手ぬぐい生地の小物も販売。
MAP P.181 B-2
☎075-256-0077 ▲京都市中京区室町通三条上ル役行者町368 ⏰10:00～19:00 🚫無休

ハート形の猪目窓(→P.30)や天
井画(→P.71)で名高い正寿院は、
山あいの自然豊かな地にあります。
日々の喧騒から逃れ、心を静めて

心静かに鑑賞したい

すてきなお寺アート
に時間を忘れる

凛とした存在感が見る者を魅了する
天井画や襖絵は、仏様の世界を表現。
鑑賞前にはご本尊に手を合わせて。

「祈りの天井画」

AROUND Noon (11:00-13:00)

1 常滑焼のお地蔵さん
1体1300円 **2** 季節に
合わせた御朱印1000
円 **3** 祈りの蝶 パワーお
守りステッカー 600円

尊陽院
そんよういん

心を浄化する天井画

幻の蝶や花々を描いた
天井画は美術家mais
さん作。苦痛を救い、花
々とともに昇華へと導
く願いが込められます。

MAP P.175 C-3
☎075-414-1500
京都市上京区本法寺前
町650-3 ⏰10:00〜
16:00 ◉300円 🔒無休

✿✿✿ 尊陽院は、荒れた寺を住職と尼僧の夫婦が「陽だまりのような場所に」と再生。和モダンな空間も素敵です。

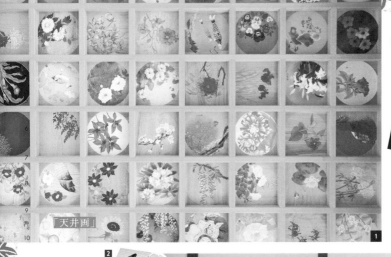

「天井画」

1 天井画のなかに舞妓さんの絵が4枚あるので見つけてみて **2** 本堂ではかわいいお菓子でほっこり

2

正寿院
しょうじゅいん

寝転んで眺めてもOK

ハート形の猪目窓がある客殿には、160枚の天井画。伝統文様や花鳥風月などが描かれています。
P▶30

1

2

随心院
ずいしんいん

小野小町の生涯

絶世の美女と讃えられた歌人・小野小町が晩年を過ごした地に立つ寺。襖絵には、小町の生涯や現在の寺の様子が描かれます。
(MAP) P.173 C-4
☎075-571-0025 🏠京都市山科区小野御霊町35 ⏰9:00〜16:30 境内自由（本堂拝観、梅苑入園各500円）🔒不定休

「極彩色梅匂小町絵図」

1

1 京都の絵描きユニット「だるま商店」の作 **2** 絵馬500円

「青の幻想・生命賛歌・極楽浄土」

1 気鋭のアーティスト・木村英輝氏の作 **2** 畳に座して眺めるとちょうどよい高さで鑑賞できる

2

青蓮院門跡
しょうれんいんもんぜき

蓮がモチーフの三部作

庭園を望む華頂殿の60面におよぶ襖絵は、「青の幻想」「生命賛歌」「極楽浄土」をイメージ。
(MAP) P.176 E-1
☎075-561-2345 🏠京都市東山区粟田口三条坊町69-1 ⏰9:00〜16:30
💴600円 🔒無休

1

遊びゴコロが楽しい
花手水の発祥の地

柳谷観音 楊谷寺
やなぎだにかんのん ようこくじ

本尊は眼を癒す観音様

広々とした境内に、花手水は「龍手水」「庭手水」「恋手水」「琴手水」「苔手水」の5つ。場所に合わせたアレンジが見られます。

MAP P.173 A-5
☎075-956-0017 🏠長岡京市浄土谷堂ノ谷2 🕘9:00～16:30 💰500円（季節により異なる）🔒無休

秋　春　冬　夏

訪れた季節に見頃の花々のほか、バレンタインデー、ハロウィン、クリスマスなど四季のイベントに合わせたアレンジも。自由な発想に驚かされる

Best time
13:00

昼下がりの癒しタイムに
四季折々の花手水
がかわいすぎる！

お寺や神社が魅せる新感覚の花アート

ハッとするほど華やかで色鮮やかで、思わず笑みがこぼれる「花手水」。本来、手水舎（所）の水は、仏様や神様にお参りする前に手と口を洗って心身を清めるためのものですが、近ごろのご時世に合わせて四季の花々を浮かべる

お寺や神社が増えてきたようです。「花手水」の言葉は、もとは水の代わりに草花の葉についた露で手を清めたことに由来するそう。季節の移ろいをそっと教えてくれる可憐な花々と向き合っていると、心のもやもやも浄化されていくようです。

◇◇◇ 柳谷観音 楊谷寺のInstagramでは、これまでの花手水の写真がたくさん見られます。御朱印も素敵ですよ。

いけ花みたい!
芸術的な立体感

北野天満宮
きたのてんまんぐう

学問の神様を祀る古社

菅原道真公を祀る、全国約1万20
00社の天満宮・天神社の総本社で
す。京都随一の梅の名所として知ら
れますが、花手水の人気も上昇中。

MAP P.183 C-3
☎075-461-0005 🏠京都市上京
区馬喰町 🕖7:00～17:00(季節に
より異なる) 💰境内自由 🔒無休

週2替わりで
いつ訪れても鮮やか

勝林寺
しょうりんじ

東福寺の塔頭寺院

季節に合わせた御朱印で話
題。坐禅や写経・写仏など
毎日のように行われる体験
とあわせて訪れては?

MAP P.185 C-5
☎075-561-4311 🏠京都市
東山区本町15-795 🕖10:00
～16:00 💰境内自由 🔒無休

アヒルたちが浮かぶ
キュートな個性派

金戒光明寺
こんかいこうみょうじ

桜や紅葉も美しい名刹

開宗850年を迎える浄土宗
の、京都四か本山のひとつ。
御影堂前でかわいいアヒル
たちが迎えてくれます。

MAP P.182 E-3
☎075-771-2204 🏠
京都市左京区黒谷町
121 🕖9:00～16:00
💰境内自由(秋の特別拝
観1000円) 🔒無休

Best time 13:00

カフェやショップも楽しみたいし

美術館はお昼すぎがねらい目！

1 南回廊と北回廊の間にある中央ホールはフリースペース **2** 南回廊の中庭「天の中庭」

空間ごとに見惚れるミュージアムへ

京都市京セラ美術館は平安神宮、福田美術館は嵐山の渡月橋と、いずれも王道の京名所から徒歩圏内にあるミュージアムですが、魅力的なロケーションゆえ、混雑することも少なくありません。そんなときは、ほかの人がランチ中の時間帯に訪れるのがおすすめです。優雅な気分でアートを鑑賞したあとは、館内のカフェやミュージアムショップに立ち寄って。

京都市京セラ美術館
きょうとしきょうセラびじゅつかん

和洋折衷の建築に注目
洋風の建物に銅瓦屋根をのせた和洋折衷の「帝冠様式」建築の代表格。京都出身の画家をはじめ近代日本画の名品を多数所蔵します。

MAP P.182 D-5
☎075-771-4334 ●京都市左京区岡崎円勝寺町124 ●10:00～18:00（最終入場時間は展覧会により異なる）
🔒月曜（祝日の場合は開館）、年末年始

shopping

ミュージアムショップ「ART RECTANGLE KYOTO」は、展覧会グッズ、美術書、オリジナルのグッズ＆スイーツなど多彩なラインナップ。

1 明るい光が差し込む店内は居心地抜群　*Cafe Time*

ENFUSE
エンフューズ
京都産素材が中心のプレート、サンドイッチほか、スイーツも。

MAP P.182 D-5 ☎075-751-1010 ●10:30～19:00（LO18:00）🔒月曜（祝日の場合は開館）、年末年始

♣♣♣ 建物の東側に広がる日本庭園はフリーエリアとなっています。岡崎エリア散歩の休憩タイムに重宝しますよ。

1 折紙やデパートの包装紙など身近な素材を使ったエントランス正面のステンドグラス **2** エントランス側面のウォールアート **3** ひとつひとつデザインの異なる椅子は座っても○K

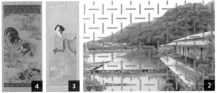

1 建物を囲む水盤は移りゆく空の色や風景を映しだす **2** 日本古来の意匠をモダンにアレンジ。館内には3つの展示室がある **3** 上村松園《美人観月》**4** 伊藤若冲《蕪に双鶏図》

ミュージアムグッズも

shopping

堂本印象と交流のあった和菓子処・笹屋守栄製の限定羊羹も時折企画展に合わせてお目見えする。写真は特別羊羹「光る窓」

Cafe Time

パンとエスプレッソと福田美術館
パンとエスプレッソとふくだびじゅつかん

嵐山の人気ベーカリー「パンとエスプレッソと嵐山庭園」直送のパンを使ったメニューを提供。美術館の入館者のみ利用できる。

MAP P.185 B-2 ☎075-463-0007

パニーニ＆コーヒー

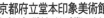

京都府立堂本印象美術館
きょうとふりつどうもといんしょうびじゅつかん

ドアノブまでも芸術的！

京都出身の日本画家・堂本印象が、外観から内装に至るまで、自らデザインを手がけています。

MAP P.183 B-2
☎075-463-0007 ⌂京都市北区平野上柳町26-3 ⏰9:30〜17:00（入館は30分前まで）🚪月曜（祝日の場合は開館、翌平日）、展示替え期間

福田美術館
ふくだびじゅつかん

眺望抜群のミュージアム

伊藤若冲、円山応挙、与謝蕪村など京都にゆかりのある近代日本画を中心に約1800点を所蔵しています。

MAP P.185 B-2
☎075-863-0606 ⌂京都市右京区嵯峨天龍寺芒ノ馬場町3-16 ⏰10:00〜17:00（入館は30分前まで）🚪展示替期間、年末年始

1『はふう本店』の ステーキ丼

絶妙な焼き加減の牛肩ロースステーキに、ダシの効いた和風ダレやゴマを合わせて和風に。肉料理専門店による贅沢な一品3000円

お肉たっぷりにまちがいなし♡

1 はふう本店
はふうほんてん

MAP P.184 E-4 ☎075-257-1581 ●京都市中京区麩屋町通夷川上る笹屋町471-1 ⊙11:30～13:30、17:30～21:30 ⛔水曜

あんがとろ～り♡

2 清水五条坂 ゆば泉
きよみずごじょうざか ゆばせん

MAP P.178 D-5 ☎075-541-8000 ●京都市東山区五条橋東6丁目583-113 ⊙11:00～LO14:00 ⛔不定休

2『清水五条坂 ゆば泉』のゆばごはん

店内で作る生湯葉を、出汁が香るあんかけ仕立てに。湯葉のとろりとした口あたり、大豆本来の風味と甘みにうっとり。1650円

コスパも納得 イチオシの昼処

バリエがすぎる麺&丼

ひとつの器のなかで完成度を極めた旨み広がる絶品ランチをご案内。

ホタテ、アサリ、ハマグリをたっぷり使った濃厚なダシに牛骨スープをブレンド。中華そば（塩）900円、味玉は＋100円

3『貝だし麺 きた田』の中華そば（塩）

貝のうま味を味わいつくせ！

うまからがヤミツキ！

4『日の出うどん』の特カレーうどん

九条ネギや牛肉、お揚げをのせたボリューム満点の名物うどん1100円。有料で4段階の辛さが選べます

4 日の出うどん
ひのでうどん

MAP P.182 F-4 ☎075-751-9251 ●京都市左京区南禅寺北ノ坊町36 ⊙11:00～15:00（ダシがなくなり次第終了）⛔日曜

3 貝だし麺 きた田
かいだしめん きただ

MAP P.185 B-4 ☎075-366-4051 ●京都市下京区北不動堂町570-3 ⊙7:00～LO21:45 ⛔不定休

**5『suba』の
京春菊天**

サッと食べられるのがうれしい進化系そばスタンド。自家製麺はコシがマイルドな京都流のソフトタイプ。700円、温泉卵は＋100円

5 suba
スバ

MAP P.179 A-3 ☎075-708-5623 🏠京都市下京区美濃屋町182-10 ⏰12:00〜22:30 🔒不定休

春菊天ぷらがサクサクのサク…♪

**6『すがり』の
もつつけ麺**

ここに麺を！

京町家の麺処。香ばしく炙ったもつは、噛むほどに旨みが深まり、鶏ガラベースのスープともマッチ。1.5玉950円

6 すがり

MAP P.181 C-3 ☎なし 🏠京都市中京区槌屋町178 ⏰11:30〜15:00、18:00〜21:00 ※売り切れ次第終了 🔒無休

この麺が美味です♡

7 麺屋 優光 河原町店
めんや ゆうこう かわらまちてん

MAP P.180 E-5 ☎075-365-8818 🏠京都市下京区稲荷町329 ⏰11:00〜LO24:00 🔒不定休

**7『麺屋 優光 河原町店』
のカルボラーメン**

幻の人気イタリアンのメニューとコラボした河原町店限定メニュー1530円。スープを覆いつくすほどの黒コショウがクセになりそう

**8『五穀豊穣のお茶屋ごはん®五木茶屋
伏見稲荷店』の京丼五種食べ比べ膳®**

黄金の玉子、あんかけなど、五穀豊穣を祈願したこだわりの京丼が並ぶ華やかなセット4000円。内容は季節により異なる

どんぶり祭

ピリリ黒ショウ食べた〜っぷり

8 五穀豊穣のお茶屋ごはん®五木茶屋 伏見稲荷店
ごこくほうじょうのおちゃやごはん いつきちゃや ふしみいなりてん

MAP P.176 E-5 ☎075-643-5217 🏠京都市伏見区深草開土町20 ⏰11:00〜16:00、16:00〜18:00 🔒無休

1『手鞠鮨と日本茶 宗田』の月替わりセット

高たんぱく低カロリーに仕上げるお寿司には、一杯ずつ丁寧に入れた味わい深い日本茶やデザートが付く。手鞠鮨14貫2800円

1 手鞠鮨と日本茶 宗田
てまりずしとにほんちゃ そうでん
MAP P.181 B-2
☎075-585-5995 🏠京都市中京区新町通三条上る町頭町110-1 🕐11:00 ～ LO15:00 🔒不定休

ころんとかわいい
見た目にもン♡

いろとりどりで美しい…!!

まちがいなし♡

ひと口でパクッと食べちゃお!

かわいいお寿司

色とりどりの具材をちょこんとのせた
宝石のように愛らしいお寿司を召し上がれ。

2 AWOMB 烏丸本店
アウーム からすまほんてん
MAP P.181 B-3
☎050-3134-3003 🏠京都市中京区姥柳町189 🕐12:00 ～ LO14:00、17:00 ～ LO19:00 🔒無休

3『gion 一穂』の一穂セット

カウンター7席の落ち着いた店内。進化系巻き寿司「カナッペ寿司」は、おばんざいやサラダも。2900円

2『AWOMB 烏丸本店』の手織り寿し

おばんざい、刺身、薬味など旬の素材約50種とシャリを合わせ、海苔で巻いて自分好みの手巻き寿しにカスタマイズ。手織り寿し3960円

3 gion 一穂
ギオン いちほ
MAP P.180 F-5
☎075-525-3210 🏠京都市東山区博多町101-8 🕐11:00 ～ 15:00、17:30 ～ 20:30 🔒無休

キラキラかがやく
海の幸

気分は韓国＆台湾

アジアングルメ 増えてます

京都グルメの魅力は和食だけにあらず。
本場の味を楽しめる韓国＆台湾ランチを。

ホッと一息

台湾の定番グルメ！

4 『福到 FUDAO 台湾茶』の豆乳スープセット

干しエビ、大根など独自レシピの出汁、有機豆乳、お酢を合わせた絶品豆乳スープに揚げパンをオン。台湾茶付き1400円

4 福到 FUDAO 台湾茶

フウダウ たいわんちゃ

MAP P.174 E-4
☎070-1765-8899 🏠京都市左京区田中下柳町9-3 🕚11:00～18:00 🈯不定休

5 祇園 かんかんでり 麗

ぎおん かんかんでり れい

MAP P.179 C-1
☎075-744-1063 🏠京都市東山区橋本町391 🕚11:30～15:00、17:00～22:30 🈚無休

5 『祇園 かんかんでり 麗』の祇園「九節板」ランチ

チヂミ、チャプチェなど9種の惣菜、スンドゥブやサムゲタンほか15種から選べるメイン、韓国茶も付く。2178円

6 『福丸』の胡椒餅

大きめの豚肉と九条ネギがたっぷり！胡椒餅は甘味噌、醤油など3種。1個380円～

ごまの香ばしさと
あんがベストマッチ🔥

本場の味が盛りだくさん🔥

7 『微風台南』の魯肉飯ほか

ルーロー飯700円、ピータン豆腐550円、ランチのおかず3品（単品メニューに＋200円）。パイグーメン990円など台南の味が充実

ここは台湾ですか…？ローカルフードが勢揃い

7 微風台南

びふうたいなん

MAP P.184 F-3 ☎075-211-9817 🏠京都市上京区桝屋町359 🕚12:00～LO14:30、18:00～LO21:30 🈯月曜

6 福丸

ふくまる

MAP P.177 B-2
☎075-812-1601 🏠京都市中京区壬生仙念町31 🕚11:30～売り切れ次第終了（胡麻餅は金～日曜のみ）🈯月・火曜、不定休

京都24H

瓦版

昼刊

昼間のメインイベントといえばやっぱりランチ！食後は新旧の話題のスポットを訪ね、まったりと過ごしては。

参拝後に立ち寄りたい お寺の境内で ランチ＆カフェ

"お寺カフェ"の
ニューフェイス！

平等院、醍醐寺、佛光寺などのほか、新スポットがお目見えしました。宇治の黄檗山宝蔵院は、「寺そば」と称するヴィーガンラーメンが話題。嵯峨野の清凉寺「ヴァガバァーン」は、庭師が手がけ、庭師がもてなす個性派カフェ。金戒光明寺の塔頭・金光院は「気まぐれカフェ」を営業中！

Bhagavan
ヴァガバァーン
MAP P.185 B-1　なし　京都市右京区嵯峨釈迦堂藪ノ木町46 清凉寺境内　10:30〜18:00　季節により異なる

お寺で気まぐれカフェ くろ谷 金光院
おてらできまぐれカフェ くろたに こんこういん
MAP P.182 E-3　075-771-7780　京都市左京区黒谷町121　公式instagramを確認

宝蔵院 寺そば
ほうぞういん てらそば
MAP P.173 C-5
0774-31-8026
宇治市五ケ庄三番割
34-4　11:00〜
14:00　月〜水曜、日曜

動物性素材一切なし

メニューは「寺そば」600円のみ。トッピングは仏教の「五色」を表している

＋αの体験もできる！ スタイリッシュな麺処

一杯に込められた美意識が染みる

京都の麺といえば、背脂チャッチャ系のラーメンや、やわらかめのうどんだけにあらず。近ごろはおしゃれ女子もひとりで訪れる、スタイリッシュな麺処も増えています。河原町五条のうつわも作れる手打ち蕎麦専門店「そのば」や、老舗昆布専門店が手がける「昆布と麺 喜一」は必食です！

身体に染み入る昆布らぁめん1152円（ワンコンプ制）

昆布と麺 喜一
こんぶとめん きいち
MAP P.175 C-4
なし　京都市上京区西五辻東町74-2 五辻の昆布 本店2F　11:00〜、12:00〜、13:00〜（3部制）土・日曜、不定休

昆布の水出し3種の試飲も

陶芸スタジオを併設してます

もりそば1000円のほか、名物の鯖寿司も好評

そのば
そのば
MAP P.185 B-3　なし
京都市下京区富小路六条上る本塩竈町533-3　11:30〜15:00　不定休

旅の移動に活用 シェアリングサービス！

マイクロモビリティ
操作もカンタン

東京や大阪で話題の電動キックボードと電動アシスト自転車のシェアリングサービスが京都にもお目見え。アプリをダウンロードして乗り降りする場所を探し、スムーズに利用できます。

LUUP
ループ
0800-080-4333　24時間　30分ごとに200円
URL https://luup.sc/

京都髙島屋がアップデート
専門店ゾーン「T 8」が開業！

おなじみの髙島屋が増床してパワーアップ！

2023年10月17日、これまでの百貨店の上質感に専門店の個性をプラスした「京都髙島屋S.C.」としてリニューアルオープン。アート、サブカルチャー、地元グルメなど51の個性が集まり、ランチやおみやげ選びなどに重宝するなど、ますます魅力的なスポットになりました。街の中心・四条河原町にあるので道中に立ち寄ってみてはいかが。

入り口は四条通に

京都髙島屋 S.C.
きょうとたかしまや ショッピングセンター
MAP P.180 E-4 ☎075-221-8811 ✿京都市下京区四条河原町西入ル真町52 ◎10:00～20:00※一部店舗で異なる ♿無休

活気があふれる「京の台所」へ
京のマルシェ・錦市場で
ちょっとずつあれこれ食べたい！

良質な地下水に恵まれていたことから江戸幕府公認の魚市場として始動して以来、400年の歴史を有します。現在では東西約390mにわたって120件余りの店が連なり、その場でパクッと食べられるプチグルメがたくさん！

錦市場
にしきいちば
MAP P.180 D-4 ☎075-211-3882（京都錦市場商店街振興組合）✿京都市中京区西大文字町609 ♿店舗により異なる

あれもこれも食べたい～

京都で人気上昇中
あの仏像に会いたい！

口から出ている6つのモノの正体は…!?

東京国立博物館への出展を機に再注目されている仏像といえば、六波羅蜜寺の「空也上人像」。踊りながら町を練り歩いて民衆に仏の教えを伝え、「市の聖」として親しまれた僧です。口から飛びだす6体の仏様は、いままさに「南無阿弥陀仏」と念仏を唱えているシーンを表現。

空也上人は天皇の皇子でありながら民衆に寄り添った名僧。令和館（宝物館）で見られる

六波羅蜜寺
ろくはらみつじ
MAP P.179 C-4 ☎075-561-6980 ✿京都市東山区轆轤町81-1 ◎8:00～17:00（令和館8:30～16:30）¥境内自由（令和館600円）♿無休

華やかな舞妓さんにうっとり♡
花街伝統の舞台は必見！

150年の歴史に酔いしれる春の風物詩「都をどり」

「都をどりはヨーイヤサー」のきらびやかなかけ声とともにはじまる「都をどり」。四季折々の名所や物語を背景に芸舞妓が華やかに舞う公演で、これぞ京都！な風情満点。2023年は7年ぶりに本拠地・祇園甲部歌舞練場を経て、大改修で開催されました。24年は150回記念の節目を迎えます。

総勢約60名圧巻の舞台！

都をどり
みやこをどり
MAP P.179 C-2 ☎075-541-3391 京都市東山区祇園町南側570-2 ♿公式HPを参照

ひと息つきたいとき
は、カフェや喫茶店
へ。花の木(→P.101)
の昔懐かしい雰囲気
はホッと落ち着きます

京都の昼
IN THE

Afternoon
14:00 - 17:00

おいしいランチで満たされたあとは、
"別腹"でスイーツも！ 町家やホテル、
レトロ洋館など、とっておきの空間で
デザートタイムを楽しみましょう。散
歩を兼ねて、自分へのごほうびやおみ
やげ探しもいいですね。

14:00

町家の特別感もお気に入り

コース仕立てのスイーツで至福のひととき

パティシエメイドの
アシェットデセールコース 4000円
※前日までに要予約
※コースの内容は季節替わり

ウェルカムドリンク
宇治・丸久小山園の玉露を水出しで。香り、甘み、旨みが絶妙

5皿目
プティフール
卵白を使ったメレンゲなど小菓子が登場。店頭で購入できる

3皿目
セイボリー
スイーツの合間に塩やハーブを効かせたサンドイッチでお口直し

1皿目
美豊卵のマドレーヌ、ガレットブルトンヌ
水や飼料にこだわって育てた純国産鶏の卵を使用。風味が濃厚！

目の前で温かいソースをON！

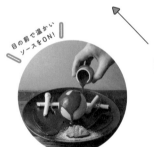

4皿目　アシェットデセール
〜バニラ香るチョコレートドームのムース
ホワイトチョコのなかからバニラムースやラズベリーアイスが出現

2皿目
グラスパフェ
カモミールパンナコッタにイチゴソースとフレッシュイチゴを添えて

MAISON TANUKI

メゾンタヌキ

非日常を過ごすカフェ

店名に込めるのは、「昔話のように、タヌキの家に来て化かされるような楽しさを感じてほしい」という思い。アフタヌーンティーやパフェも人気です。

MAP P.181 B-1　☎075-606-5688　京都市中京区西ノ入長浜町143-3　⏰11:00〜18:00　🔒月・火曜（祝日の場合は営業）

烏丸御池から西へ徒歩5分ほど。築100年超の京町家を再生したMAISON TANUKI。おすすめは、ひと皿ずつのコース仕立てで、目の前でメインのプレートを仕上げてくれる、季節替わりのスペシャルメニュー「パティシエメイドのアシェットデセールコース」です。この日は、温かいラズベリーソースをホワイトチョコのドームにかけると、溶けていくチョコが割れて…というワクワク感のある演出。「スタンダードコース」からフレーバーまで種類豊富な紅茶を傍らに、ゆったりと流れる時間に身を任せて五感を満たしましょう。

粋な演出に心も弾むサロンスタイルのカフェ

🔸🔸🔸ウェルカムドリンクのほか、選べる2種のドリンク付き。＋600円で飲み放題に変更できます。

Best time

アフタヌーンティーを特別な場所で。

14:00 本気のヌン活、はじめました。

ラグジュアリーな空間で、非日常感あふれる
ティータイムが楽しめるスポットはこちら。

LOCATION 1
五重塔ビュー

afternoon
アフタヌーンティー
6655円（税サ込）

セイボリーとしてフランス料
理を気軽に楽しめるのはレス
トランならでは。提供時
間は13:00〜16:30

1 全面ガラス張りの窓の正面に、
東山のシンボルである法観寺の
八坂の塔がそびえる **2** 一幅の絵
画のような絶景が目の前に **3** 元
小学校を再生した「ザ・ホテル青
龍 京都清水」にある **4** 内容は
季節替わり（写真は2名分）

Benoit Kyoto
ブノワ キョウト

八坂の塔が真正面に！

デュカス・パリが監修するパリの老
舗ビストロ「ブノワ」の伝統を受け
継ぐレストランです。

MAP P.178 D-4
☎075-541-0208 🏠京都市東山区
清水2-204-2 ザ・ホテル青龍 京都
清水内 ⏰11:00〜15:30、13:30〜
16:30、17:30〜22:00 🔒不定休

「ザ・ホテル青龍 京都清水」の屋上には、京都の街を360度見渡せるルーフトップバーがあります。（→P.118）

afternoon

アフタヌーンティー
1名 5000円〜(2名〜)
季節ごとのテーマに合わせて内容が変わります。1日2部の2時間制

LOCATION 2
レトロ洋館

長楽館
ちょうらくかん

築100年超の元迎賓館
会場は、国内外のセレブをもてなした「迎賓の間」。バカラ社製のシャンデリアがきらめく空間で、優雅なひとときを過ごせます。

(MAP)P.178 E-2
☎075-561-0001 🏠京都市東山区八坂鳥居前東入円山町604
🕚11:00 〜 18:30 (LO18:00) 🔒不定休

afternoon

フォション アフタヌーンティーセット
7000円(土・日曜、祝日は7500円)
平日は1日2部制。土・日曜、祝日には予約すれば夕方もOK

LOCATION 3
パリ風ホテル

SALON DE THÉ FAUCHON
サロンド テ フォション

パリのエスプリを感じて
パリ発のグルメホテルが世界で2軒目として日本に上陸。パティシエ自慢のスイーツをFAUCHON紅茶とともに召し上がれ。

(MAP)P.179 A-4
☎075-751-7711 🏠京都市下京区難波町406 🕚11:00 〜 17:00 🔒無休

茶房金閣庵
さぼうきんかくあん

一番茶の魅力を満喫
「山下新壽園」の京田辺産最高級玉露を中心とした料理が味わえるカフェ。完全予約制のアフタヌーンティーは、一番茶づくし!

(MAP)P.183 C-1
☎075-888-1567 🏠京都市北区衣笠西御所ノ内町36-1
🕚11:30 〜 17:00(LO16:30)
🔒火・水曜

afternoon

京菓子御膳いろは
3800円
一番茶の抹茶や和紅茶を自家製のお菓子に使用。飲み物も一番茶の和紅茶

LOCATION 1
金閣寺すぐの京町家

14:00

今日のおやつも、おみやげも

最旬! イマドキな

京菓子をまとめ買い

時代を超える老舗から令和の新店まで。かわいくて新しい和菓子を求めてあの店へ！

どんな味がする？ 進化系のネオ和菓子

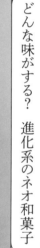

小説をオマージュ

3 アントニオとララ
940円（日持ち：冷蔵で3日）
キャラメル餡やトロピカル餡で小説『即興詩人』の世界を表現

餡の新しいカタチ

1 かざり羹
各390円〜（日持ち：当日）
白餡ベースのレモン、こし餡ベースのフランボワーズなど約10種がそろう

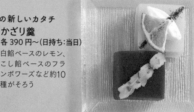

いくつでも食べられそう

旬素材のおはぎも

4 おはぎ
各220円〜（日持ち：当日）
ピスタチオ、柚子れもんなど平日8種、土・日曜、祝日は12種ほど

ピアノ柄の羊羹
2 ジャズ羊羹 classic
2692円（日持ち：約14日）
ドライいちじく入りの洋風羊羹。コーヒーのほか赤ワインにも合う

4
小多福
おたふく

祇園のおはぎ専門店
先の女将さんから受け継いだおはぎのほか、スパイスやハーブ入りのオリジナルフレーバーも販売。
MAP P.178 D-3
☎090-7908-5111 ♠京都市東山区下弁天町51-4 ◎11:00〜17:00
♠月・火曜、不定休

3
菓子屋 のな
かしや のな

季節を映す和菓子店
洋酒や果物を取り入れた季節感のある上生菓子を販売。こし餡を挟んだあんバターチャパタも人気。
MAP P.177 C-2
☎なし ♠京都市下京区篠屋町75 ◎12:00〜18:00（売り切れ次第終了）
♠日・月曜

2
ミチカケ COFFEE ANCO MUSIC
ミチカケ コーヒー アンコ ミュージック

ギャラリー＆カフェ
店内にピアノがある寺町通のギャラリー＆カフェ。「自分の物語と出会う場所」をテーマとしています。
MAP P.184 F-5 ☎075-354-5435
♠京都市中京区寺町通御池上ル上本能寺前町476 TATビルディング B1F
◎12:00〜17:00（季節により異なる）
♠営業は月8〜10日（HPを要確認）

1
うめぞの茶房
うめぞのさぼう

西陣に佇む老舗の新展開
甘党茶屋・梅園の3代目が手がける店。餡を寒天とわらび粉で流し固めたかざり羹が看板商品。
MAP P.175 C-3
☎075-432-5088 ♠京都市北区紫野東藤ノ森町11-1 ◎11:00〜18:30（LO18:00）♠不定休

✿✿✿うめぞの茶房の2階はカフェスペース。かざり羹や季節の甘味がイートインで楽しめます。

いままでにない
取り合わせ！

サクッと軽やか
7 Kyoto Branch set
2個入1200円（日持ち：冷蔵で5日）

ほうじ茶、抹茶のバタークリームと餡バタークリームの間に求肥が！

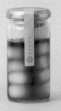

京都色の小瓶
5 果ルフェ
1個648円〜（日持ち：3日）

だんご、わらび餅、寒天、ゼリー、羊羹をビン詰めにした"和風パフェ"

〈 和風カワイイルックスにひと目惚れ♡ 〉

缶に入った生シュー
8 洛缶 CAKE
各918円（日持ち：1日）

抹茶や苺のカスタード、生麸などをちりばめたシュー入り生ケーキ

ずっと眺めていたくなる

かわいさに一目惚れ！
6 いと達のもなか
1個350円〜432円（日持ち：1日）

くまのデザインや、なかの館のフレーバーは季節ごとに変わります

8
パティスリー洛甘舎
パティスリーらっかんしゃ

「和魂洋才」のお菓子

六角堂のそばに構えるスイーツ専門店。醤油やきこななど和素材の魅力が光る洋菓子が並びます。
MAP P.181 C-3
☎075-708-3213 ⌂京都市中京区三文字町227-1 藤六ビル1F ⏰11:00〜19:00 🏠水曜

7
BonbonROCKett 京都店
ボンボンロケット きょうとてん

NEOバターサンド専門店

クッキー、バタークリームそれぞれに空気をたっぷり含ませた、新しい食感のバターサンドを販売。
MAP P.175 C-3
☎075-432-7520 ⌂京都市北区山中大野町82-2 昴ビル 1F ⏰11:00〜18:00（売り切れ次第終了）🏠月〜木曜

6
御室和菓子 いと達
おむろわがし いとたつ

仁和寺近くの和菓子店

京都の老舗で修業後、独立。歳時記に合わせた伝統的な和菓子や、日常のおやつを作っています。
MAP P.183 A-3
☎075-203-6243 ⌂京都市右京区龍安寺塔ノ下町5-17 ⏰10:00〜17:00（売り切れ次第終了）🏠水・日曜

5
果朋 -KAHOU-
かほう

二条城そばの創作和菓子店

旬の果実の魅力を引き出した、常識にとらわれない独創的な和菓子がずらり。店内はギャラリーのよう。
MAP P.177 C-1
☎075-821-0155 ⌂京都市中京区西ノ京職司町67-99 ⏰10:00〜18:00 🏠火曜

お店に行くから価値がある！
溺愛クッキー缶は現地調達で。

自分へのごほうびや大切な人
への贈り物に。予約したクッキ
ー缶と待ちに待ったご対面♪

クッキー缶以外は
予約なしでも買えますよ

IN THE Afternoon (14:00-17:00)

これも買っちゃう?!

全5種のロシアケーキや、寺町バニラ
プリン、季節限定のゼリーは、事前予
約なしでも購入可能

バニラクッキー、
シナモンサブレ
など全11種

京都 村上開新堂
きょうと むらかみかいしんどう

寺町通のレトロ洋菓子店
明治40(1907)年創業、京都
で一番古い歴史をもつ洋菓子
店。代々受け継がれたレシピ
で作るお菓子が時代を超えて
愛されています。☎075-231-10
58 🏠京都市中京区寺町通二条
上ル東側 🕙10:00 ～ 18:00 🔒
日曜、祝日、第3月曜

MAP P.184 F-4

クッキー缶（小缶）
6480円
缶は2サイズあり、要予
約で2023年現在は約
1年待ちの人気商品

❖❖❖ 京都 村上開新堂に予約なしで訪れる場合、ロシアケーキなど焼き菓子10個以上で箱に詰めてもらえますよ。

090

バター香るクッキーは エシカルでやさしい甘さ

koé donuts kyoto
コエ ドーナツ キョウト P▶41

河原町のドーナツ専門店
オーガニック・天然由来・地産地消がキーワードの自家製ドーナツを販売しています。建築家・隈研吾氏による空間デザインにも注目。

カフェも!
ドーナツメルト ストロベリー 980円は、イートイン限定。シロップを染み込ませた焼きドーナツ

koé donuts クッキー缶
1950円
アーティスト長場 雄氏によるラベルデザインの、ドーナツ形クッキー

レストランも!
ショップから北東へ徒歩3分ほどの場所に創作フレンチ「新門前 米村」が。ランチも楽しめる

ヨネムラザストア祇園店
ヨネムラザストアぎおんてん

京料理人がプロデュース
人気の京料理人・米村昌泰氏が手がけるテイクアウト専門店。オリジナルのクッキーや、「新門前 米村」の味を販売しています。

よねむらオリジナルクッキー
6000円
抹茶、ぶぶあられ、七味など京素材を使ったクッキーは全12種

MAP P.179 C-1
☎075-708-5133
🏠京都市東山区新橋通大和大路東入2丁目橋本 町385-1 🕚11:00～18:00 🗓月曜

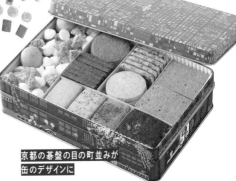

京都の碁盤の目の町並みが 缶のデザインに

国産の最高級発酵バターを使用 サクサクのビスキュイ

ビスキュイサンド
3240円
素材を厳選し、卵やアーモンドは不使用。写真はいちご&フランボワーズ

新店舗も!
2023年9月オープンのCHÉRIE MAISON DU PARFAITとあわせて訪れて

CHÉRIE MAISON DU BISCUIT
シェリー メゾン ド ビスキュイ

御所南のパティスリー
ビスキュイサンドが人気のパティスリー。定番の味など常時5種類のサンドや焼き菓子などが評判です。

MAP P.184 E-4
☎075-744-1299
🏠京都市中京区福屋町733-2 🕒12:30～16:00 🗓月～水曜、日曜

この遊び、ハマります

体験DATA
投扇興体験
2200円※要予約
江戸時代からつづく雅な遊びに挑戦。源氏物語にちなんだ点数方式で対戦してみよう

Best time
14:00

本格的だけど2500円以下！
さくっと**お手軽京体験**♪

扇を使った雅な遊戯「投扇興」、調香、特別なお抹茶「献茶」の3種で、伝統と文化にふれて。

Let's try!

対戦を終えたら、お茶とお菓子で一服して体験終了

練習が終わったら、いよいよ対戦！得点を競う

練習スタート。的の中央を狙ってやさしく投げるのがコツ

扇子の持ち方をはじめ、投扇興のキホンを学ぶ

もう一回戦したくなる

源氏物語にちなんだ点数表

扇や 半げしょう
おうぎや はんげしょう

花街の京扇子専門店
五花街のひとつ宮川町の老舗で、店内には京都の職人が作る京扇子が並びます。扇子を身近にという思いから、投扇興の体験を実施。

MAP P.179 B-4
☎075-525-6210 ♠京都市東山区本町通五条上る森下町535 ⓣ10:30〜17:30（土曜13:00 〜）日曜、祝日

点数は、扇と的の落下した形によって競う

❀❀❀ 扇や半げしょうでは、扇面下地に好みの絵や文字を描く「扇子絵付け体験」も実施しています。

― 体験DATA ―
調香コース
・匂袋作り体験2200円
・薫物(煉香)作り体験2750円
1日あたりいずれか一方のコースを開催。
香りを感じながら心落ち着く時間を

世界にひとつの
匂い袋が完成

雅な香りが
ふわり

香原料の説明の後、数種類の
香原料を混ぜ合わせて好みの
の香りに仕上げる

山田松香木店 京都本店
やまだまつこうぼくてん きょうとほんてん

江戸時代創業の香木店

平安時代からつづく日本の香りの
文化を継承。体験は、香りを作る
「調香コース」と香木の香りを聞く
「聞香コース」の2種があります。

(MAP)P.184 D-2 ☎075-441-1123
🏠京都市上京区勘解由小路町164 ⏰
10:30～17:00 🔒無休

― 体験DATA ―
秀吉公ゆかりの神仏への献茶点前
2000円(記念扇子付き)
お茶好きの秀吉公を喜ばせた武士の
心構えを表現。戦国時代のもてなし
を体験しよう

家臣の古田
織部が考案

扇子を外して
いただきます

千利休による一般的
なお点前とは異な
り、エンターテインメ
ント性を取り入れて
いるのが特徴

圓徳院
えんとくいん

お茶好きの秀吉公ゆかり

豊臣秀吉の正室・ねねが晩年暮ら
した住居が起源の寺院。国の名勝
指定の北庭や白龍が描かれた襖絵
など見どころが多くあります。

(MAP)P.178 D-3
☎075-525-0101 🏠京都市東山区
下河原町530 ⏰10:00～最終受付
17:00 💴500円 🔒無休

Best time
14:00

併設のスタンドやカフェも使い勝手バツグン！
ハイセンスな道具と出合う

京名所のご近所さんのステキなショップを訪ね、暮らしに寄り添う逸品を探しましょう。

1 京町家風の店構え **2** 1階にはコーヒースタンド「KYOTO COFFEE」を併設 **3** さまざまなシーンで活躍するアイテムが並ぶ

空いた瓶を
持ち帰れる

おいしい
お茶を抽出

1 KYOTO COFFEEトラベルタンブラー 各3850円 **2** 工房アイザワの茶こし小 880円 **3** コロコロのフラッグシップモデル「COLOCOLO5656 どっちも用 本体 S」3850円

日東堂
にっとうどう

新旧の優れものを厳選

伝統工芸から最先端技術まで、日本で生まれた道具や日用品をそろえるショップ。ステーショナリーや店舗ロゴをあしらったオリジナルグッズも並び

MAP P.178 D-4
☎075-525-8115 🏠京都市東山区八坂上町385-4 ⏰10:00〜18:00 不定休

日東堂は、あのお掃除道具「コロコロ」で有名なニトムズがプロデュース。

094

毎日をご機嫌にする魔法のアイテム

工芸、京料理、芸能など、世界が憧れる京都の伝統は、優れた職人たちの存在があってこそ。長い歴史のなかで技が磨かれ、作り手と買い手、双方の審美眼も洗練されてきました。東山のシンボル・八坂の塔そばにある日東堂、そして、岡崎の平安神宮大鳥居の近くにあるシュイロ。ふたつのショップでは、デザイン性と機能性を兼ね備えた、メイド・イン・ジャパンのセレクト雑貨に出合えます。職人技がキラリと光る手仕事の逸品は、きっと毎日を心豊かにしてくれますよ。

純国産の天然竹製「おかえりの箸23㎝」1650円

ビロード専門の織元・杣長の華パフ1430円

我戸幹男商店 TSUMUGI 杯 盛筋5280円

我戸幹男商店 TSUMUGI 汁椀 壺型7480円

我戸幹男商店 SINAFUデザートボウル（布袋）1万1000円

■1広々とした店内で商品をゆったり品定め ■2信楽焼のブランド・KIKOFのうつわ ■3窓辺にも生活雑貨がずらり ■4期間限定の企画販売も実施

シュイロ
しゅいろ

日々の暮らしを豊かに

京都・美山産「うちゅうの夜明けたまご」のフラッグシップショップ。オールデイダイニングのほか、セレクト雑貨も充実しています。

MAP P.182 D-5
☎075-585-4481 京都市東山区定法寺町368-1 ◯8:00～21:00
月曜（祝日の場合は翌日休）

遅めのランチも！
カフェも！

高級卵を贅沢に

シュイロ 濃厚プリン650円

光と影が
織りなす空間美

Best time

14:00

目の前で淹れたて、がトレンド！

日本茶カフェの
楽しみ方

和菓子職人と洋菓子職人、
それぞれの技を合わせて作
られる独創的なお菓子とお
茶それぞれ5種をコース仕
立てで。茶菓懐石5500円

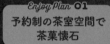

Enjoy Plan **01**
予約制の茶室空間で
茶菓懐石

流れるような
所作がステキ

驚き＆感動の
ペアリング

茶菓懐石は
月替わり

立礼茶室 然美
りゅうれいちゃしつさび

伝統×現代の茶室
「日本古来の美意識を再び現
代に甦らせる」をコンセプト
に、伝統とモダンとを融合さ
せた茶室。総合芸術空間
「T.T」にあります。

MAP P.179 C-2

☎075-525-4020 ♠京都市東山区祇園町南側570-120 T.T
2F ⏰13:00～、16:00～（各回一斉スタート、完全予約制）♠無休

ホッとひと息つける
おいしい日本茶を訪ねて

茶の湯の都・京都は、「喫
茶」の文化が生まれ、発展し
てきた聖地。近年では、本格
的な日本茶を気軽に楽しめ
るスタイリッシュな日本茶専
門店がお目見えし、祇園の
立礼茶室 然美、御所南の
UGEN、東寺すぐの〇間
MAの3軒が人気。お湯の
沸く音、芳しい香りをともな
って立ち上る湯気、口のなか
に広がる旨みや甘みは、最高
の癒しといえそうです。

❖ ❖ ❖ 「立礼茶室 然美」はどれをとっても絵になる、美の宝庫。数寄屋造りの建築や、しつらい、茶菓懐石で使われる器にも注目を。

096

Enjoy Plan 03
手作り菓子と
日本茶のペアリング

Enjoy Plan 02
お茶の複合施設で
飲み比べ

飲み比べると
全然違う!

1 抹茶は好きな茶碗を選べる **2** 宇治茶を中心に各地の茶葉を厳選 **3** 手作りの精進胡麻団子とお茶のセット2100円

1 気負わず楽しめる **2** 築100年ほどの京町家をリノベーション **3** お茶を3種選んで飲み比べる「茶味比べ」3300円

YUGEN
ユウゲン

日本茶の伝統を身近に
日本茶の文化を伝承しつつ新たなスタイルを提案。1階にカウンター席の茶房、2階に茶室があり、ワークショップも開催しています。

(MAP) P.184 D-3
☎075-708-7770 ♠京都市中京区亀屋町146 ⊙11:00～18:00 🔒不定休

○間 -MA-
ま

新スタイルのお茶体験
お茶文化がテーマの複合施設。茶房では選りすぐりの茶葉約200種がスタンバイ。飲み比べ体験、一汁三菜のお昼の茶席コースなども。

(MAP) P.185 A-5 ☎075-748-6198 ♠京都市南区西九条比永城町59 ⊙11:00～17:00 🔒火・水曜

近年オープンしたお店なのに、どこか懐かしい装いで、醸しだす雰囲気はまるで昭和。フードやドリンクもレトロ感満載の、新しい喫茶店を訪ねましょう。

居心地
いいな〜♪

1 銀座オムライス1300円（ドリンク付き）2 フォトジェニックなプリン500円 3 全17種類のフロート650円

1 30年以上の歴史を受け継ぐプリン600円は、しっかりした硬さがありながら口当たりはなめらか 2 ホットコーヒー 550円

喫茶 me
きっさミー

100円でできるゲーム機も
東京の銀座で行列ができる「喫茶you」から独立。ふわふわの卵にケチャップでmeの文字を綴ったオムライスが名物メニューです。
MAP P.182 D-4 ☎075-708-7218 🏠京都市左京区岡崎成勝寺町1-8 ⏰11:00〜LO16:00、土曜16:00〜LO18:00、日曜11:00〜LO18:00 🈺火曜、不定休

愛される
名物プリン

喫茶ジラフ
きっさジラフ

昭和の名店を受け継ぐ
惜しまれつつ幕を閉じた純喫茶「回廊」の空間を、常連だった野村さんが受け継いで開業。30年の時を経た趣ある雰囲気がそのままに。
MAP P.180 E-4
☎なし 🏠京都市中京区中之町583-10 ⏰10:00〜20:00 🈺火曜

◇◇◇ 喫茶 ジラフは四条河原町からすぐ。路地裏の2階というロケーションも魅力です。

Best time

15:00

昭和な空気が心地いい

新しいのに懐かしい! 気になる**ニューレトロ**

1 ナポリタンスパゲティー 820円は茹でた麺を一日ねかせてモチモチの食感にしている **2** プリン550円 **3** ブレンドコーヒー490円 **4** レモンスカッシュ 600円

シュワッと爽やか

喫茶 noho
きっさ ノホ

和食店がプロデュース

河原町の和食料理店「御幸町 ○N○」が手がける一軒。ナポリタンやプリンなど、純喫茶といえばコレ! というメニューが充実しています。

MAP P.179 B-4

☎075-285-0195 ♠京都市東山区西川原町476-1 河松マンション 1F ⏰9:00 ～ 17:00 🔒水～土曜

4

1 黒糖や米飴など4種の砂糖を使ったベビーカステラ10個入600円 **2** 珈琲×抹茶850円 **3** 生プリンはプレーン720円など3種

ほんわか糖のやさしい甘さ

糖太朗
とうたろう

砂糖が主役の古民家カフェ

日本茶スタンド「八十八良葉舎」がプロデュース。選りすぐった砂糖のおいしさを際立たせるスイーツメニューを提供しています。

MAP P.185 B-3

☎なし ♠京都市下京区塗師屋町六条通間之町 西入101-2 ⏰10:00 ～ LO17:00 🔒無休

3

15:00
ノスタルジックな**レ・ト・ロ・喫・茶**へようこそ

まるで時が止まったよう！

時代を超えても愛されつづける純喫茶。時を重ねるほどに趣を増す、とびきりの名店を訪ねましょう。

サイダーに鮮やかな5色のゼリーが浮かぶ、ゼリーポンチ750円

宝石みたいに麗しい♡

幻想的な青い光は、女性をより美しく見せる効果があるそう

RETRO POINT
まるで美術館！
東郷青児らの美人画や調度品など、すべてが優美でミュージアム級

喫茶ソワレ
きっさソワレ

since 1948

BGMのない静かな時間
昭和23(1948)年創業。店名の「ソワレ」とは、フランス語で「夜会」や「素敵な夜」を意味します。
MAP P.180 F-4
☎075-221-0351 ◎京都市下京区西木屋町通四条上ル真町95 ◎13:00 ～ LO18:00(土・日曜、祝日LO18:30) ⊝月曜

クリームソーダは全6種

◆◇◆ 桜名所・高瀬川のほとりにある喫茶ソワレ。春には2階の窓辺から咲き誇る桜が望めます。

コーヒーにぴったり

レアチーズケーキはさっぱりとした味わい。レアチーズケーキセット1350円

ダブルプリン1100円のプリンは、昔懐かしい硬めのタイプ

仲良く並ぶプリンに♡

店主が丁寧に淹れるサイフォン式コーヒーの香りが店内に満ちる

店名はフランスの画家フランソワ・ミレーにちなんでいるそう

フランソア喫茶室
フランソアきっさしつ

since 1934

文化人の集ったサロン
昭和9(1934)年創業、喫茶店として全国で初めて国の登録有形文化財に指定。店内は、豪華客船をイメージした造りとなっています。

MAP P.180 F-4 ☎075-351-4042 🏠京都市下京区西木屋町通四条下ル船頭町184 ⏰10:00 ～ 22:00(フードLO21:00、ドリンク・ケーキLO21:30) 🔒無休(12/31 ～ 1/2を除く)

霧島ツツジの名所・長岡天満宮の近くにあり、参拝後に立ち寄りたい

喫茶フルール
きっさフルール

since 1969

豊富なメニューがスタンバイ
地元の常連客から観光客までいつも賑わう一軒。ピラフ、スパゲッティほかフードメニューは約50種とバラエティに富んでいます。

MAP P.173 A-5 ☎075-951-6759 🏠長岡京市天神1-8-2 ⏰10:00 ～ LO20:30 🔒月・火曜

長時間煮込んだカレーライスセット900円

花の木
はなのき

since 1966

あの名俳優も通った店
創業50余年。あの高倉健さんも足繁く通ったとか。創業当時の面影を残す店内でタイムスリップした気分に。

MAP P.174 D-3 ☎075-432-2598 🏠京都市北区小山西花池町32-8 ⏰9:00 ～ 17:00 🔒日曜、祝日

Best time

16:00

京都で食べるならココ！

見た目もキュン♡な トキメキかき氷

「暑い町」京都ならではの絶品かき氷

京都市は、猛暑日の年間日数が主要都市のなかでトップクラスに多い町。だから涼を感じるかき氷も人気で、近年は一年を通して提供する店も増加中です。京都ならではの抹茶系をはじめ、スイーツ系、老舗系など、ジャンル別におすすめかき氷をご紹介。お気に入りの一杯を探してみてください。

やっぱり外せん！
抹茶系

Ⓐ 抹茶雲水
1280円
おうす6杯もの抹茶を使用。エスプーマの食感もたまらない

Ⓒ ピーチアールグレイ
1600円
大きな桃のコンポートがかき氷のなかにもゴロゴロと入っている

まるでケーキ！
スイーツ系

Ⓑ フルッタティラミス
1500円
ティラミスを思わせるちょっぴりビターでコク深い味わいが魅力

※提供は不定期

IN THE *Afternoon* (14:00-17:00)

Ⓒ **京氷ゆきみ庵**
きょうごおりゆきみあん

デセールのようなかき氷
パティシエが考案したかき氷はフレッシュ感とデセールを思わせる高級感が魅力。子ども向けメニューもあり家族連れにもおすすめ。
MAP P.177 B-1
☎075-432-7700 🏠京都市中京区西ノ京星池町16-45 🕐11:00～18:30 🚫木曜 ※かき氷は例年4月末～10月末の期間提供

Ⓑ **京かき氷 つみき**
きょうかきごおり つみき

食べ応えも◎の絶品かき氷
春夏秋冬を通してふわふわ系の大きなかき氷を楽しめる人気店。定番メニューのほか、旬の果物や季節限定メニューも豊富に揃います。
MAP P.181 B-4
☎075-744-0829 🏠京都市中京区四条通新町上ル小結棚町441 🕐11:30～20:30（7～9月の土・日曜、祝日は11:00～）🚫水曜

Ⓐ **清水一芳園カフェ 京都蛸薬師店**
しみずいっぽうえんカフェ きょうとたこやくしてん

ふんわり抹茶のエスプーマ
茶問屋が手がけるカフェ。名物は抹茶のエスプーマを使うラテやデザート。茶臼から1日500gしか挽けない貴重な抹茶を使用。
MAP P.180 E-3
☎075-708-5996 🏠京都市中京区東側町503-15 🕐12:30～18:00 🚫無休

◆◇◆◇ 京都が気温以上に暑い理由は、山越えの空気が熱せられるフェーン現象に盆地で滞留した空気がさらに熱を帯びるからだそう。

フルーツたっぷり
ジューシー系

E 生絞リフルーツ
かき氷 1100円〜
器も氷でできているの
で最後のひと口まで冷
たいまま味わえる

京都の絶品かき氷を
おいしくいただくための極意3ヶ条

1 予約が可能かマストでチェック!

2 行列回避できる時間帯を狙おう!

3 夏は暑さ対策を万全に!

予約可能な店も多いので事前にネットで確認するのが
ベスト。予約不可な場合は、開店直後や閉店間際など比
較的入りやすい時間を狙って。また京都の夏は想像以
上の蒸し暑さなので日傘やひんやりグッズを忘れずに。

D 彩雲
1540円
季節ごとに内容が変わ
る5種類のシロップを
かけていただける

まちがいない!
老舗系

F 京の白みそ
1100円
白みそにミルクと白ご
まシロップ、キャラメル
ナッツなどを使用

はんなり♡
京名物系

F 京の氷屋 さわ
きょうのこおりやさわ

京都の四季の味覚を使用
京都の名産品で作るシロップが評判。春は桜
によもぎ、夏は桃やブドウ、秋は大枝の柿、冬
は水尾の柚子を使ったかき氷も登場します。
MAP P.175 C-4
☎075-384-0092 京都市上京区泰童片原町
664-7 11:00 〜 19:00 月曜不定休(公式
Instagramを要確認)

E 祇園下河原 page one
ぎおんしもがわら ページワン

老舗氷店プロデュースのかき氷
明治16(1883)年創業「森田氷室店」が手がけ
る。氷の器に盛られたボリューム満点のかき
氷、やさしい氷の口どけも魅力的です。
MAP P.178 D-3
☎075-551-2882 京都市東山区下河原通八坂
鳥居前下ル上弁天町435-4 13:00 〜 23:30
水曜

D 二條若狭屋 寺町店
にじょうわかさや てらまちてん

斬新なかき氷も楽しめる老舗
定番かき氷のほか、上生菓子をイメージしたあ
んみつ氷やバジルライムのかき氷など個性派
かき氷も提案。通年でかき氷を堪能できます。
MAP P.184 F-4
☎075-256-2280 京都市中京区寺町通二条
下ル榎木町67 9:00 〜 17:30(茶房は10:30 〜
LO16:30) 不定休

あのシーン
良かったよね！

受付は
こちらで！

スケジュール

かつて薬局だったビルをリノベした空間は、どこか温もりのある空気が漂っています

「映画の町」京都で文化の薫りに触れる

日本で映画の試写が最初に行われ、国内初の劇映画が制作されたのが京都。現在も歴史ある映画会社のスタジオが太秦にあり、多くの作品が国内外に向けて発表されています。

そんな「映画の町」としての顔をもつ京都だからこそ、夕方のスキマ時間を生かしてミニシアターで映画鑑賞を楽しむのもおすすめ。出町の商店街の一角にある出町座は、コンパクトな空間に50席ほどのシアターやオリジナルメニューが揃うカフェ、セレクトにセンスが光る書店が一体化。手づくり感のある雰囲気も素敵で、待ち時間もより充実しそうです。

大手では配給されていない意欲作など、観る人の記憶に残る良作がいつも上映されているので、事前にHPでチェックしてから訪れてください。

◇◇◇ 明治30（1897）年、実業家の稲畑勝太郎が、元立誠小学校の中庭で国内初の映画の試写実験に成功しました。

出町座
でまちざ

シネマ×カフェ×書店

カフェ「出町座のソコ」、書店「CAVA BOOKS」を併設する小さな映画館。2つあるシアターで毎日10前後の作品を上映。

`MAP` P.174 D-4　☎075-203-9862
🏠京都市上京区今出川通出町西入上ル三芳町133　🕘9:00台〜22:00台（日により異なる）🔒無休

1 大きな看板が目印 **2** ノスタルジックな赤い扉も素敵 **3** 入ってすぐの場所にある受付 **4** 待ち時間は受付向かいのカフェでひと休み **5** 注文の合間に書棚をチェック **6** クリームソーダ700円とプリン500円 **7** お待ちかねの映画鑑賞 **8** 選んだ本にはオリジナルブックカバーをかけてもらって

⟨⟨ ほかにもある！京都ミニシアター

街なかの四条烏丸や烏丸御池にも個性的なミニシアターが。ぜひ足を運んでみて！

アップリンク京都
アップリンクきょうと

個性的な内装にも注目

それぞれに内装が異なる4つのスクリーンと独自の音響システムで記憶に残る映画体験を。

`MAP` P.181 C-2
☎075-600-7890　🏠京都市中京区烏丸通姉小路下ル場之町586-2 新風館B1F　🕘上映時間により異なる　🔒施設に準じる

京都シネマ
きょうとシネマ

硬軟良質な映画を上映

社会派からエンタメ性の高い作品まで、国内外の優れた作品を3つのスクリーンで上映。

`MAP` P.181 B-4　☎075-353-4723　🏠京都市下京区烏丸通四条下ル水銀屋町620 COCON KARASUMA 3F　🕘上映時間により異なる　🔒施設に準じる

都会の喧騒から離れた
贅沢なロケーション

ROKU KYOTO,LXR
Hotels & Resorts

サーマルプール
ビジター料金
1万120円

1 鷹峯の自然に溶け込む天然温泉を利用した屋外サーマルプール。**2** 自身のエレメンツやエネルギーに合わせたコースを用意 **3** メディテーションウォーク(歩行瞑想)や **4** ヨガなどのウェルネスアクティビティで心も身体も元気に

SPA MENU

バランシング エレメンツ トリートメント	60分	2万3656円
シグネチャー 天神川ストーン トリートメント	60分	2万6439円

Best time
16:00

優雅な空間にトリップ!

ビジターOK! ホテルで
贅沢スパ体験!

古都の町並みで日常から離れ、ホテルでボディケア。そんな贅沢な京都旅行はいかが? ビジターも利用可能なスポットをチェック!

THE ROKU SPA
ザ ロク スパ

大自然のエナジーも感じて

御土居と鷹峯三山を望む大自然に彩られたホテル内にあるスパ。北山杉のオリジナルアロマオイルや水引き、和紙など京都ならではのアイテムも取り入れ、心地よい香りと空間が、安らぎの時間へと誘ってくれます。

MAP P.175 B-2
☎075-320-0136(THE ROKU SPA直通) 🏠京都市北区衣笠鏡石町44-1 ROKU KYOTO, LXR Hotels & Resorts内 ⏰サーマルプール8:00〜21:00、スパトリートメント10:30〜最終受付19:30 🈚無休

❀ ❀ ❀ 寒暖差が大きく鮮やかに四季が移ろう鷹峯は、紅葉の名所としても知られています。

郵便はがき

おそれいりますが
切手をお貼り
下さい

東京都中央区築地
5—3—2

株式会社
朝日新聞出版
生活・文化編集部 行

ご住所　〒			
	電話　　（　　　）		
ふりがな お名前			
Eメールアドレス			
ご職業		年齢 　　　歳	性別

このたびは本書をご購読いただきありがとうございます。
今後の企画の参考にさせていただきますので、ご記入のうえ、ご返送下さい。
お送りいただいた方の中から抽選で毎月10名様に図書カードを差し上げます。
当選の発表は、発送をもってかえさせていただきます。

愛読者カード

本のタイトル

お買い求めになった動機は何ですか？（複数回答可）
　　1. タイトルにひかれて　　　2. デザインが気に入ったから
　　3. 内容が良さそうだから　　4. 人にすすめられて
　　5. 新聞・雑誌の広告で（掲載紙誌名　　　　　　　　　　　）
　　6. その他（　　　　　　　　　　　　　　　　　　　　　　）

表紙　　1. 良い　　　　2. ふつう　　　3. 良くない
定価　　1. 安い　　　　2. ふつう　　　3. 高い

最近関心を持っていること、お読みになりたい本は？

本書に対するご意見・ご感想をお聞かせください

ご感想を広告等、書籍のPRに使わせていただいてもよろしいですか？
　　1. 実名で可　　　2. 匿名で可　　　3. 不可

HOTEL THE MITSUI KYOTO

静謐を湛える水の空間で
非日常の時間を満喫

■水着で利用するサーマルスプリングSPA ■SPA後のお楽しみに、人気のアフタヌーンティー（7100円～要予約）もおすすめ ■トリートメントメニューも各種用意

サーマルスプリングSPA
60分以上のトリートメントを
利用した場合に入浴可能

トリートメント後に

アフタヌーンティーも！

SPA MENU
月ラディアントパール ハイドレーションフェイシャル 60分　2万7000円
時パールセレニティリチュアル90分　3万9500円〜

サーマルスプリング SPA
サーマルスプリングスパ

街なかで天然温泉スパ体験

ホテルの敷地の地下に湧く温泉を楽しめるスパエリア。「時」「音」「光」「香」「水」の5つのテーマが織りなす空間が五感を心地よく潤してくれます。

MAP P.177 C-1
☎075-468-3125（スパ予約）♠京都市中京区油小路通二条下る二条油小路町284 HOTEL THE MITSUI KYOTO内 ◷10:00～22:00（当日の最終受付はメニューにより異なる）🔒無休

MUNI KYOTO

京都の古の恵みを取り入れた
オリジナルプロダクト

SPA MENU
バランシング　60分　2万円
ピュリファイリング セレモニー
90分　3万3000円

MUNI SPA
ムニスパ

自然の恵みに抱かれるスパ

自然の恵みをふんだんに取り入れたトリートメントを通じて、本来のチカラを呼び覚まし、心と身体をあるべき姿へと導いてくれます。

MAP P.185 B-2 ☎075-863-1110 ♠京都市右京区嵯峨天龍寺芒ノ馬場町3番 MUNI KYOTO内 ◷13:00～21:00（事前予約制）🔒無休

■自然素材が落ち着いた雰囲気を演出する空間 ■水尾の柚子、北山杉など京都産の素材を用いたオリジナルプロダクトを使ったトリートメントを満喫

107

立ち飲み♯木屋町が人気の理由
良質な素材を使い一人前あたりの量を抑えることで、リーズナブルながらおいしい逸品を何種類も楽しめる。女性ひとりでも入りやすい雰囲気づくりも人気の理由

ひとりですがいけます？

木屋町会

たち呑み
しゃーぷ
17時オープン

IN THE
Afternoon (14:00〜17:00)

❶安さに驚く！ポテサラエイティー80円 ❷かにみそクリームチーズ380円 ❸しゃーぷのニラタマ380円 ❹お刺身3種盛980円。じっくりと種類を数えてみると……

京都のこだわり日本酒

京都をはじめ全国の銘柄が揃う日本酒は 小（60ml）580円〜。どの銘柄を選んでも均一価格で提供してくれる

井上さんの「井」の字をモチーフにした看板が目印

ワイが店主の井上やで！

立ち飲み♯ 木屋町
たちのみしゃーぷきやまち

河原町屈指の人気酒場

魚介を中心に60種類前後の料理とお酒を用意。店主の井上さんが放つ陽気なオーラも評判で開店30分で満員になることも。清水焼の器など細部までこだわる姿勢も見事です。

MAP P.180 F-5
☎080-3812-8844 🏠京都市下京区斎藤町140-17 ⏰17:00〜翌0:00（土・日曜、祝日15:00〜22:00）🔒水曜、不定休（Instagramを要確認）

❋❋❋ 常にお酒好きな人でいっぱいの「立ち飲み♯ 木屋町」。できれば開店の17時を狙って訪れたいものです。

108

11階はカウンターと小さなテーブル席を用意。2階にはバーカウンターがあり、町家とは思えない洋風な雰囲気が漂います **2**日本酒（90ml）390円〜。ほかの酒類も豊富です

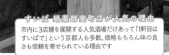

すいば 蛸薬師室町店が人気の理由

市内に3店舗を展開する人気酒場だけあって「1軒目はすいばで」という京都人も多数。価格もちろん味の良さも信頼を寄せられている理由です

どれから
飲もう!?

おいしそう！

京野菜を使った彩り鮮やかなメニューが人気。**2**すいばのポテサラ250円 **3**かにかま一本揚げ290円

すいば 蛸薬師室町店
すいば たこやくしむろまちてん

京素材で作る絶品のアテ
MAP P.181 B-3

☎075-221-7022　京都市中京区蛸薬師通室町西入ル　15:00〜23:00（土・日曜、祝日は12:00〜）🔒不定休

京野菜をはじめ京都ならではの素材を使ったメニューも豊富に用意。日本酒ソムリエがすすめる地酒を楽しめるのもポイントです。

GION TACHINOMI 山根子が人気の理由

京都のクラフトビールを8タップ、ボトル40種類以上。さらに50種類の京都の日本酒がスタンバイ！京都のお酒をトコトン楽しめるのが大きな魅力

猫ののれんが目印！

1八坂神社の近くに位置する店舗 **2 3**人気のあぶりもん盛り合わせ2000円はお酒のアテにぴったり！ **4**おすすめのビール＆日本酒はスタッフに聞いてみて **5**珍しいビールに出合えることも **6**無添加のオリジナルどぶろく（飲み比べ）1500円もおすすめ

GION TACHINOMI 山根子
ギオン タチノミ やまねこ

京都産のお酒が集結！
MAP P.178 D-1

☎050-5462-3741　京都市東山区祇園町北側321-1　🕐13:00〜LO23:00　🔒無休

京都産クラフトビールや地酒、スピリッツが揃う酒場。元お茶屋を改装した空間も魅力的で、カウンターの他テーブル席もあります。

午後の甘いブレイクに食べたい

キラキラパフェ

グラスいっぱいに盛られた美しいパフェ。それぞれがまとう独自の世界観にも注目を!

チョコがそびえるっ

後味さっぱり

芸術作品◇

すばらしいバランスっ!

黒ゴマのアイスです

ジェラート♡

チョコレート♡

唯一無二のパフェです

ベリーたっぷり

美しいっっ!!

ず~っと眺めてたい♡

3「SUGiTORA」の ショコラパフェ

3種類のジェラートに、パリッとした食感のキャラメルショコラなどを添えたパフェは、綿密に計算された構成が見事です。1650円

2「祇園きなな」 のベリーベリーきなな

プレーン、黒ゴマ、抹茶のアイスをのせた人気パフェ。ベリーの酸味とアイスの下にあるヨーグルトのバランスが絶妙です! 1200円

1「sui 東山」のゴッホ作「3本のひまわり」のコンセプトパフェ

季節ごとにひとりの芸術家に着目して軽食やスイーツを提案。パフェはその時のコンセプトにより異なる。1800円

---

3 SUGiTORA
スギトラ
MAP P.180 E-3 京都市中京区中筋町488-15 ◎焼菓子テイクアウトのみ10:00～12:00、カフェ13:00～LO18:00（売りきれ次第閉店）不定休
☎075-741-8290

2 祇園きなな
ぎおんきなな
MAP P.179 C-2 京都市東山区祇園町南側570-119 ◎11:00～17:30 不定休（公式Instagramから要予約）
☎075-525-8300

1 sui 東山
スイ ひがしやま
MAP P.182 D-5 京都市東山区分木町74 11:00～17:30（土・日曜、祝日～18:30）月曜
☎075-746-2771

6「GION NISHI CAFÉ」の抹茶のパフェ

濃厚な抹茶の味わいをふんだんに堪能できるパフェ。スノードームのような美しさやハイブランドの食器にも心ときめきます。1800円

店内も
すてき♡

洗練されたビジュアルに感動

季節限定の
レアパフェ

幻想的な氷

おとぎ話みたい♡

かわいすぎる♡

乙女心くすぐる

7「金の百合亭」の月替わりパフェ

練り切りなど和菓子の素材を使った月替わりのパフェ。各1380円
※営業日について要問合せ

毎シーズン
食べたい♡

絵本の世界に
飛んでこもう…！

このかわいさ、毎日通っちゃう♪

5「Lignum」の季節のパフェ

たっぷりの栗にコーヒーのアクセントを加えた大人なパフェです。2400円～

1「café Cherish」のマーメイドトワイライトラグーンフロート

日が昇る前のロマンチックな海をイメージ。海藻を模したゼリービーズが浮かび、プチプチとした食感を楽しめます。1600円

---

7 金の百合亭
きんのゆりてい
MAP P.178 D-1
☎075-531-5922 🏠京都市東山区祇園町北側292-2 2F ⏰11:00～17:30 🈺水・木曜（祝日の場合は営業）

6 GION NISHI CAFÉ
ギオン ニシ カフェ
MAP P.178 D-3
☎075-531-7724 🏠京都市東山区月見町21-2 2F ⏰11:00～18:00 🈺月・火曜、第1日曜

5 Lignum
リグナム
P▶45

4 café Cherish
カフェ チェリッシュ
MAP P.184 E-4
☎075-211-5705 🏠京都市中京区柳馬場二條下ル等持寺町4-6 ⏰11:00～18:00 🈺月・火曜（HPを要確認）

華やか抹茶プレート

見た目も美しい

風味豊かな抹茶を使った華やかなスイーツプレート。抹茶好きにはたまりません！

3 「茶筅-Chasen-」のお抹茶・玉手箱スイーツ

京懐石の八寸盛をヒントに創作。霧箱を開けたとたん湯気が舞い上がる仕掛けに、テンションもきっと上がるはず！ 1815円

テンションあがるー♪

どんなから食べる？

これ気になる

1 茶筅 -Chasen-
ちゃせん

MAP P.185 B-4
☎075-352-3401 京都市下京区東塩小路町901 京都駅ビル10F 京都拉麺小路内 ◎
11:00～22:00 不定休

お茶を味わう

京都の美山ミルクだけで作ったピュアミルクアイスクリームと濃厚な抹茶テリーヌが絶妙なハーモニーを奏でます。1650円

1 「麩屋柳緑」のRYU-RYOKU

美しいデザート♪

2 麩屋柳緑
ふやりゅうりょく

MAP P.180 D-2
☎075-201-7862 京都市中京区麩屋町通六角上ル白壁町439 ◎11:00～18:00 🔒
水曜（祝日の場合は木曜）

---

2 「茶三楽」の抹茶づくし

茶道具を器にした抹茶ムースのケーキなどが揃う、夢のようなスイーツ。3300円（春・秋季提供。価格と提供時期は公式Instagramを要確認）

3 茶三楽
ちゃさんらく

MAP P.185 B-2
☎075-354-6533 🏠京都市右京区嵯峨天龍寺造路町7 ◎11:30～17:30(LO17:00) 不定休

お抹茶と一緒に♡

まちがいなし♡

今日はどれ食べる？

だんごにどら焼き……
甘味いろいろ

ひと口サイズの俵型だんご

4「梅園 三条寺町店」のみたらし団子

こんがり焼いたかわいい俵型のみたらし団子。たっぷりと絡める秘伝のタレは、創業以来変わらぬ味を守り続けています。480円

4 梅園 三条寺町店
うめぞの さんじょうてらまちてん

[MAP] P.180 E-2　☎075-211-1235　🏠京都市中京区天性寺前町526　⏰10:30〜19:30(LO19:00)　🚫無休

とろ〜り ぷるんぷるん

5「ぎおん徳屋」の本わらびもち

国産本わらび粉を使い、氷とともに提供されるわらび餅はとろけるほどならめか。きな粉や黒みつをかけて召し上がれ。1320円

5 ぎおん徳屋
ぎおんとくや

[MAP] P.179 C-2　☎075-561-5554　🏠京都市東山区祇園町南側570-127　⏰12:00〜18:00(売切れ次第終了)　🚫不定休

6「大極殿本舗六角店 甘味処 栖園」の琥珀流し

なめらかでみずみずしい糸寒天や旬の素材に自家製の蜜をかけた琥珀流し。月ごとに味が変わるので季節感も堪能できます。850円

今月のシロップは？

6 大極殿本舗六角店 甘味処 栖園
だいごくでんほんぽろっかくみせ あまみどころ せいえん

[MAP] P.180 D-3　☎075-221-3311　🏠京都市中京区六角通高倉東入ル堀之上町120　⏰10:00〜17:00(販売は9:30〜18:00)　🚫水曜

7「どらやき亥ノメ」のどらやき

しっとり＆ふんわり食感が魅力の生地に上品なつぶあんをサンド。シンプルで食べ飽きないおいしさにファンも多数。260円

7 どらやき亥ノメ
どらやきいノメ

[MAP] P.183 B-4　☎なし　🏠京都市北区大将軍西鷹司町23-31　⏰10:30〜16:30　🚫水・木曜

ふっくら生地に餡たっぷり

8「かさぎ屋」のおはぎ

大正3(1914)年創業。丹波大納言を使ったつぶあんとこしあん、きな粉の3種を楽しめる三色萩乃餅が定番です。750円

きなこ

こしあん♡

つぶあん♡

8 かさぎ屋
かさぎや

[MAP] P.178 E-4　☎075-561-9562　🏠京都市東山区桝屋町349　⏰10:00〜17:10　🚫火曜(祝日の場合は営業)

京都24H

瓦版

タ刊α

京都旅がより一層充実する、+αで訪れたいスポットをまとめてご紹介。午後〜夕方の時間にぜひ足を運んでみて!

お茶の魅力を体感できる

老舗茶舗の新施設

が宇治に誕生!

お茶の奥深い世界を五感で体験して!

創業190年近くの歴史がある老舗茶舗「森半」が、2023年6月にお茶の魅力を発信する新しい複合施設をオープン! 創業時から森半が使ってきた建物を改装した空間内には、一茶ⓐ品質や特徴などを見極めるために審査を行う拝見場やお茶に関して深く学べる映像などを通じて、お茶が持つ多彩な魅力により深く触れられます。また、蔵をリノベーションしたカフェでは、森半自慢のお茶スイーツ&ドリンクを提供。できたてのスイーツを持ち帰りできる菓子工房も併設され、テイクアウトやおみやげにぴったりな人気の生どらやきや焼き菓子を購入できます。お茶の世界を知りたいならぜひ訪れて!

> 抹茶ラテはマスト!

> ベイクスもチェック

抹茶ラテ1100円や焼菓子216円〜などが揃う

茶の木や緑茶ハーバリウムを近くで見る貴重な体験を楽しめる

TEA SQUARE MORIHAN
ティースクエア モリハン
MAP P.173 B-5 ☎0774-51-1519 🏠宇治市小倉町久保78 🕐9:30〜17:30(森半蔵カフェは10:00〜LO16:30)🈺日曜

あの世界的ブランドのカフェが祇園に!

世界的ブランドのエスプリが祇園に!

アニエスベーの創業者が愛した祇園にコンセプトショップ&カフェがオープン。フランスと京都のエスプリが調和した世界を体感して!

> とってもおしゃれ!

> 町家を改装した空間!

アニエスベー 祇園店
アニエスベーぎおんてん
MAP P.179 C-2 ☎075-334-5202 🏠京都市東山区祇園町南側570-128 🕐10:00〜18:00 🈺水曜

京都タワーサンド
きょうとタワーサンド
MAP P.185 B-4 ☎075-746-5830(10:00〜19:00)🏠京都市下京区烏丸通七条下ル東塩小路町721-1 🕐11:00〜23:00(B1F)、10:00〜21:00(1F)、10:00〜19:00(2F)※店舗により異なる 🈺無休

新たなお店が登場!

グルメもスイーツもパワーアップ!

京都タワーサンドが

リニューアル

京都タワーの地下1階から地上2階にある商業施設「京都タワーサンド」が、2023年4月に大幅リニューアル! 京都府内に点在する人気店が新しくオープンし、地元客や観光客から注目が集まっています。

詩人・最果タヒ氏の詩を使用したパブリックアートが館内各所に

旬の果物をふんだんに使用したスイーツが楽しめるカフェ

2種類の麺から選べるオリジナル焼きそばが人気のお店も仲間入り!

> できたてアツアツ

自慢のお出汁を生かした「お出汁めし」や老舗茶屋監修の甘味処によるスイーツなどグルメもより充実

源氏物語で注目！盧山寺とセットで行きたい ロケーションカフェ

紫式部ゆかりの寺と近くのカフェをめぐる

2024年のNHK大河ドラマの主人公・紫式部が過ごし、『源氏物語』を執筆したと伝わる盧山寺。本堂前には物語にちなんだ桔梗が咲き誇る「源氏の庭」が広がり、静かな時が流れます。盧山寺を訪れたあとは、近くの京都御苑内にある京都御苑の老舗カフェや梨木神社の境内に佇む人気のコーヒースタンドでひと休みしてみるのもおすすめです。

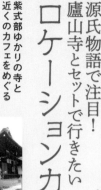

盧山寺
ろざんじ
MAP P.184 F-1
☎075-231-0355 🏠京都市上京区寺町通広小路上ル北ノ辺町397 ◎9:00〜16:00 ¥500円 🔒無休

ジェラートもぜひ！

定番の抹茶パフェ

SASAYAIORI+ 京都御苑
ササヤイオリプラス きょうとぎょえん
MAP P.174 D-4
☎075-256-7177 🏠京都市上京区京都御苑3 ◎10:00〜16:30(LO16:00) 🔒月曜(祝日の場合は翌平日)

Coffee Base NASHINOKI
コーヒー ベース ナシノキ
MAP P.184 F-1
☎075-600-9393 🏠京都市上京区染殿町680 梨木神社境内 ◎10:00〜17:00 🔒水曜(祝日の場合は営業)

伝統×現代が形に！種のお菓子って？

コーヒーやワインと一緒に味わいたい

カカオやピスタチオなどの素材に甘納豆作りで用いる「砂糖漬け」の技術を生かした新感覚のお菓子が話題に。お茶はもちろん、コーヒーやワインとのペアリングも◎。

原材料はシンプル！

SHUKA
シュカ
MAP P.177 B-1
☎075-841-8844 🏠京都市中京区壬生西大竹町3-1 ◎11:00〜17:00(日曜〜16:00) 🔒月曜

韓国スイーツは外せな

おしゃれ×おいしいスイーツ

乙女心がトキメク♡韓国女子が注目のスイーツが京都に続々登場。特に話題を集めるのが、韓国から取り寄せた型を使ったマドレーヌやフィナンシェなどの焼菓子とクリームラテ。まったりとした味わいの「クリームラテ」はフィナンシェと合わせていただくのがトレンドなんですって！

クリーミーな味わい

Berry Button
ベリー ボタン
MAP P.179 C-4 🔒なし 🏠京都市東山区轆轤町110-7 ◎11:00〜18:00 🔒不定休

近代建築をリノベした複合施設に注目！

伝統と革新が巧みに融合

近代建築が数多く残る京都で胸躍る素敵な建物散策するのはいかが。おすすめはかつて電話局だった建物をリノベした「新風館」と小学校だった建物を生かした「立誠ガーデン ヒューリック京都」。どちらもたくさんのショップやホテルなどが併設し、特別感に満ちた体験が叶います。

新風館
しんぷうかん
MAP P.181 C-1 🏠京都市中京区烏丸通姉小路下ル場之町586-2 ◎11:00〜20:00(ショップ)11:00〜22:00(レストラン)※店舗により異なる 🔒無休

発酵食品のドリンク！

立誠ガーデン ヒューリック京都
りっせいガーデン ヒューリックきょうと
MAP P.180 F-4
🏠京都市中京区備前島町310-2 ◎店舗により異なる 🔒無休

京都の夜

IN THE

Night

18:00 - 21:00

街の雰囲気がガラリと変わる京都の
夜。おばんざいに和食、フレンチなど、
夜ごはんは何を食べよう？　マジッ
クアワーのルーフトップバーからはじ
めるのも一興。期間限定のライトアッ
プイベントに行くのもアリです。

カウンターにおばん
ざいが並ぶ「あおい」。
女将の朗らかな人柄
も評判の人気店です
→P.129

117

心地よい風を感じながら楽しむ大人の京都

京都にいる空気感を楽しみながら素敵な夜をスタートさせたい。そんな人におすすめなのが、京都の美しい景色とともに特別な時間を過ごせるルーフトップバー。京都は高い建物が少なく、山に沈む夕陽と街並みが織りなす景観を楽しめます。

東山区にあるK36 The Bar & Rooftop とCICON ROOFTOP BAR by NOHGA HOTEL は、それぞれ京都市内の眺望とお酒を楽しめる人気スポット。地元の人もなかなかお目にかかれない美景は、京都旅行の思い出に残ります。どちらのバーにもノンアルコールカクテルが用意されているので、普段はバーを訪れる機会がない人もきっと満足できるはず！

空と山が綺麗！

八坂の塔！

撮影しちゃお

Nice view points
八坂の塔が目の前に！
京都を象徴する法観寺・八坂の塔や清水寺をはじめ、歴史ある京都市街を一望できる360度のパノラマビューが自慢！ 春は桜、夏は五山送り火、秋は紅葉も楽しめちゃいます

Best time
18:00
トワイライトの美景をバックに…

ルーフトップバーの夕景がスゴいんです

1 京都でコンセプトの異なるバーを展開する西田稔氏が参画 **2** カクテル1320円〜のほかワインやウイスキーなどを用意

2　**1**

●●● ルーフトップバーは、荒天時閉鎖されることもあるので、事前に天候の確認をしておきましょう。

118

開放感
満点!

めっちゃ
素敵♪

京都タワー

ビールも
おいしい!

CICON ROOFTOP BAR by NOHGA HOTEL
シコン ルーフトップ バー バイ ノーガ ホテル

たき火が幻想的な雰囲気を演出

京都ならではの景観を背景に、火の周り
に座ってシグネチャーカクテルを楽しむ
特別なひとときを味わえます。カジュア
ルなタコスやタパスも揃い、アペリティ
フタイムの利用にもぴったりです。

MAP P.179 C-5
☎075-323-7121 ⬛京都市東山区五条橋東
4-450-1 NOHGA HOTEL 6F ⏰15:00
〜翌0:00 🔒無休

Nice view points
**京都タワーから
比叡山まで一望**

京都タワーや比叡山の山並
みを眺められる開放感満点
のルーフトップバー。夕刻は
美しいサンセットに彩られ
たマジックアワーを満喫。
幻想的な雰囲気に酔いしれ
て♪

K36 The Bar & Rooftop
ケーサーティーシックス ザ バー アンド ルーフトップ

心奪われる好立地のバー

ビジターも利用できる「ザ・
ホテル青龍 京都清水」のルー
フトップバー＆レストラン・
メインバー。オープンエアー
な空間で京都の景色に彩られ
た大人の時間を満喫できる
のが最大の魅力。

MAP P.178 D-4
☎075-541-3636 ⬛京都市東山区清水二丁目204-2 ザ・ホテ
ル青龍 京都清水 4F ルーフトップ15:00 〜 24:00 🔒不定休

緊張しなくても大丈夫！
気軽に夜も通える
カウンター和食はコチラ。

ハードルが高いと思われがちな和食店。なかにはカジュアルに楽しめる店もあるんです！

アラカルトメインで味わう
住宅街に佇む和食の名店

お口に
合いますか？

IN THE Night（18:00-21:00）

カウンター和食の魅力って？
・ライブ感覚で調理を眺められる！
・漂う料理の香りにテンションUP！
・店主との会話も楽しんじゃおう！

料理りはくのおすすめ3品

鴨わさ
1980円
肉汁あふれる鴨肉の旨みにわさびのアクセントが絶妙！

天然すっぽん小鍋
2640円
京料理にも登場するすっぽんをひとり用の鍋料理で贅沢に

秋鯖の炭焼きみぞれ
薬味あんかけ
（例年9月〜2月半ばまで）
950円
脂ののったサバをみぞれあんで。たっぷりの薬味がいい仕事します

炭火焼きや季節の一品など30種
類以上のラインナップが揃う

料理りはく
りょうりはく

旬食材の和食アラカルト
住宅街に佇むアラカルトメインの店。季節感を大切にした逸品を提案。食中酒に最適な日本酒1合13
20円〜は8種類前後を用意。店主の飾らない人柄が居心地の良い空間を演出します。
MAP P.177 B-1 ☎075-802-8028
🏠京都市中京区西ノ京永本町9-16 ⏰
17:30〜22:00 🈺日曜、不定休

立ち上る香りに
ときめきます！

❀❀❀和食店を訪れる際は、繊細な味や香りを楽しむため香水の使用を控えるようにしましょう。

おまかせコース
5500 円
地元京都ならではの旬の食材を使用。メニューは毎月変わる

食材選びからダシのひき方まで丁寧に作るのがこだわり

どうぞ気軽に来てください

くずし理
くずしことわり

普段使いもできる割烹料理店

メニューは5500円のおまかせコースのみ用意。和食の基本を忠実に守りつつ、時にスパイスを香らせて遊び心を感じられるメニューも提供します。

MAP P.176 D-2
☎090-8536-5489 🏠京都市下京区万寿寺通堺町東入ル俵屋町239-2 ⏰18:00～22:30 🚫水曜、毎月末日

初心者も気軽に訪れやすい
お手頃価格のカウンター割烹

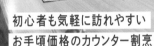

鯖寿司
850 円
濃口醤油と昆布ダシで炊いた酢飯とサバと絶妙に合う

くつろいで過ごして！

すっぽんの
土瓶蒸し
2000 円
長崎県産すっぽんを使用。通年味わえる人気のメニューです

てらまち 福田
てらまちふくだ

名店仕込みの味をアラカルトで

京都の名料亭「和久傳」出身の店主だけあって、すっぽんや甘鯛などの高級食材の扱いはお手のもの。親子丼やポテサラなども揃う幅の広さも魅力です。

MAP P.180 E-5 ☎075-343-5345 🏠京都市下京区寺町通仏光寺下る恵美須之町528 えびすテラス2F ⏰12:00～14:00、17:00～22:30 🚫水曜、第2・4火曜

カウンター席のほかにテーブル席があり、グループ利用もしやすい店

高級食材を使ったメニューから普段着の味まで変幻自在

芸舞妓さんも大好き♡な

京都中華ってどんなん？

広東御料理 竹香の
おすすめ京都中華はコレ！

はるまき
800円
（写真は2人前）
卵と強力粉で
作る皮に野菜
多めの具材が
絶妙なバラン
ス！

パリフワ食感が
たまらない！

すぶた
1100円
先代が追い求
めたオリジナ
ルの甘酢がま
ろやかな味を
生みだす

お野菜も
食べよう！

レタス包　1760円
野菜たっぷり豚ひ
き肉の肉味噌、お
好みで海鮮醤をつ
けてレタス包みに

えびちりそーす
1100円
最初は甘さを感じ、やがて豆板醤の辛さが追いかけてヤミツキに

エビが
プリプリ！

あっさりの理由は
祇園の花街にアリ!?

香辛料や油を控え、上品
でやさしい味わいに仕上げて
いるのが「京都中華」の特徴。
他府県にはない味を求めて、
観光客も京都中華の店を訪
れるようになりました。広東
御料理 竹香も、京都中華の
名店のひとつ。河原町の「芙
蓉園」で修業した初代が、昭
和41（1966）年に独立。
花街という場所柄、芸舞妓
さんもよく訪れていたことも
あり、お座敷に上がる前で
も口にしやすいメニューを作
るようになったのだそう。名
物の「すぶた」や「はるまき」
などをひと口サイズにして
提供するのも、芸舞妓さん
がおちょぼ口でも食べやすい
ようにという店のこまやか
な配慮から。ひと皿ごとの
量はたっぷりだが胃にもた
れにくく、年配の方から子ど
もまで幅広い世代に愛され
ています。

◆◆◆「はるまき」や「すぶた」などを堪能できるコース料理4840円〜も用意。ぜひ予約を

122

名物の「はるまき」や「すぶた」は、マストでいただきたいもの。はんなりとしたやさしい味わいに思わず笑みがこぼれる

どれから
食べよう…

広東御料理 竹香
かんとんおりょうり たけか

祇園で半世紀以上続く名中華

祇園新橋のたもとに佇む中華料理店。京都のエッセンスがちりばめられた広東料理を良心的な価格で提供し続け、花街からも厚い信頼を寄せられています。居心地のよさを感じられる店内も素敵です。

MAP P.179 C-1 ☎075-561-1209
🏠京都市東山区橋本町390 ⏰17:00
～21:00 🔒火曜

5
6
7
8
9
10
11
12
13
14
15
16
17
18
19
20
21
22
23
0

Dinner Night 18:00〜21:00

Best time
19:00

食事も空間も楽しみたい♡

粋なホテルで**スペシャルディナー**を。

京都のエッセンスを加えた素敵なホテルディナーとともに素敵な夜を。

ryu no hige
リュウノヒゲ

フレンチで旅する京都

京料理で使われる素材を生かす調理法とフレンチの豊かな遊び心が融合。「京旅」をテーマに、京都各地の名所をデザインした創意工夫あふれるコース料理を堪能してください。

ディナーMEMO
予約：要予約　ドレスコード：あり
予算：6600円〜

[MAP] P.176 D-2
🏠 京都市下京区大政所町678 ダイワロイネットホテル京都四条烏丸1F
☎ 075-365-3210
🕐 11:30〜 LO13:30、17:30〜 LO20:00
🔒 不定休

さぁ旅へと出かけよう！

夜のコース（一例）

京都各地に点在する名所をイメージした全8品の料理を用意

デザート	強肴	お造り	八寸	前菜
伏見稲荷大社の幻想的な世界に心奪われる	京都らしい平安神宮の大鳥居がモチーフ	干支の兎にちなんだ東天王岡崎神社へ	雪化粧をまとった嵐山を巧みに表現	ここから心ときめく京都旅行がスタート！

❀❀❀ ドレスコードは各店により異なります。事前にHPなどで確認するのがおすすめです。

124

@Luxury hotel SOWAKA

ラ・ボンバンス祇園
ラ・ボンバンスぎおん

夜のコース

レストラン

伝統×革新の日本料理

ミシュランガイドの星を10年連続で獲得した東京の「ラ・ボンバンス」がプロデュース。伝統の日本料理は踏襲しつつも自由な発想で展開する創作料理は、多くの美食家からも支持を集めています。

MAP P.178 D-2
☎075-541-5324 ⌂京都市東山区清井町480 ラグジュアリーホテルSOWAKA内 ◷12:00〜LO14:00、17:30〜LO21:30 🔒無休

大津磨きの天井と漆塗りの壁がシックな店内

バー

ホテル内にはカウンター併設の畳敷きのバーも

ディナーMEMO
予約:要予約　ドレスコード:あり
予算:1万8000円〜

目にも鮮やかな料理がズラリと並ぶ月替わりのコース(一例)

風情あふれる祇園のロケーションも素敵

@丸福樓

ライブラリー

ディナーMEMO
予約:毎月限定日のみ利用可能(要予約)
ドレスコード:あり　予算:9500円〜

carta.
カルタ

温故知新の優しい洋食料理

日本古来の調味料や薬味、発酵食品を隠し味に、四季の移ろいを表現した洋食料理を提案。旬の食材で彩られた素材の旨みが詰まった逸品とこだわりのドリンクで至福のひとときを過ごせます。

MAP P.185 B-3
☎075-353-3355(レストラン総合受付) ⌂京都市下京区正面通加茂川西入鍵屋町342 丸福樓内 ◷17:30〜LO21:00 🔒無休

夜のコース

1 2 3 料理家・細川亜衣さんが監修。味や香りにも工夫を凝らし、メニューの名前から想像できないような味わいを表現

1

2

3

これぞ日本の美!
季節限定☆春夏秋冬の
ライトアップが神々しすぎる

季節ごとに異なるライトアップイベントが開催。幻想的な光景に思わず心が奪われます。

円山公園
まるやまこうえん

歴史ある夜桜の風景

京都随一の桜の名所。園内のしだれ桜の風格ある姿が光に照らされ、昼とは異なる美しさを見せます。この時期は円山公園から高台寺、清水寺への散策も風情があって素敵です。

MAP P.178 E-2

☎075-561-1778 京都市東山区円山町 入園自由 無休

桜も満開!

春

祇園しだれ桜ライトアップ
期間：3月下旬〜 4月上旬
時間：日没〜 24:00（終了時間未定）
料金：無料

IN THE Night 18:00〜21:00

七夕笹飾りライトアップ
期間：7月上旬〜 8月中旬
時間：日没〜 20:00頃まで
料金：無料

夏

貴船神社
きふねじんじゃ

短冊に願いを込めて

全国2000社を数える水神の総本宮。期間中は、青々とした笹に参拝者が願いをしたためた短冊が揺れ何とも魅力的。期間中は本宮の境内で手作り市も開催されます。

P▶34

● ● ●イベントの会期は年によって異なるので、公式HPやSNSなどで確認をしてから訪れてください。

もみじ苑ライトアップ
期間：11月11日〜12月3日
時間：日没〜20:00
料金：1200円（茶菓子付き）

写真に
収めたい

秋

北野天満宮
きたのてんまんぐう

もみじの絶景に包まれて
春と秋の年に2回公開される豊臣秀吉公が築いた史跡御土居。秋には約350本のもみじが彩る美しい光景を。上から見下ろしたり下から見上げたり様々な角度から楽しめます。

▶73

貴船神社
きぶねじんじゃ

冬

雪が降ったら訪れたい
通常午後6時までの拝観時間が延長され、午後8時まで光に照らされた雪景色に出会えるとてもレアな機会です。開催日は当日午後3時までに公式サイトとSNSで発表されます。

P▶34

積雪日限定ライトアップ
期間：1月上旬〜2月下旬の
　　　土・日曜、祝日
時間：日没〜20:00
料金：無料

127

Best time
20:00
せっかく京都に来たんやし……
おばんざいはココ行かな！

IN THE Night (18:00-21:00)

京都の伝統的な家庭料理といえば「おばんざい」。ダシを効かせた上品な味わいはお酒とも相性抜群。京都に来た〜と実感できるはず。

お待たせしましたー
めっちゃおいしそう！

1

2

3

1 店主との距離の近さもお店の魅力 2 家庭的なおばんざいから魚介などを使った逸品など幅広いメニューを注文できる 3 カウンター、テーブル席合わせて16席ある店内

ほっこりするー

おばんざいの盛り合わせ
550円

その日仕込んだおばんざいを店主のおまかせで盛り付けてくれる

穴子の造り　980円

季節の魚介をお造りや煮物など多彩な調理方法で味わえる

里芋の湯葉あんかけ
850円

トロッとした食感の里芋と湯葉の優しい味わいに心も癒される

布
ふ

地元で人気のおばんざい酒場

西院でご近所さんを中心に長く愛される居酒屋。大鉢に盛り付けたおばんざいや一品料理が揃い、思わず目移りしそう。平日も満席が多く予約がベター。

MAP P.177 B-2
☎075-314-5002 京都市右京区西院北矢掛町36-3 17:00～翌0:00（日曜は～23:00） 木曜・第3水曜

京都の家庭料理を意味する「おばんざい」。別名「おぞよ」「おまわり」とも言われます。

初代から現3代目の女将に至るまで代々伝わる京都の「お台所の味」をじっくりと。地酒を中心にワインや梅酒などといただいてみて

おひとり様もおいでやす！

コレ食べとき！
からしれんこん
(2切)700円

もっちりとしたれんこんに辛子が合います！

ブリ大根　880円
ブリの旨みが染み込んだ大根は絶品

生節と蕗の炊いたん　880円
蕗の鼻に抜ける香りとほろ苦さがクセになる

若竹煮　980円
新タケノコと新ワカメを出汁で炊いた一品

万願寺とじゃこ　880円
京都らしい万願寺とうがらしとじゃこが美味

万願寺とうがらし　500円
京野菜を使ったメニューも豊富に揃う

つけもの盛り合わせ　600円
お酒をじっくりいただくなら外せない

賀茂茄子の田楽　980円
茄子に白味噌とナッツが絶妙なバランス

ニシン茄子　880円
ニシンと茄子の甘辛い味付けにお酒もすすむ

れんこんや

密かに憧れるいぶし銀酒場

江戸時代に下級武士の住居だった長屋が趣ある空間に。初代の女将さんが熊本出身の知人から学んだからしれんこんが名物。大ぶりのおにぎりもぜひ。

MAP P.180 F-2 ☎075-221-1061 ♠京都市中京区西木屋町通三条下ル山崎町236 ◎17:00 ～ L◎22:00 ♠日曜（祝日の場合は翌日休）

あおい

女将の笑顔に癒される

カウンターには定番から創作まで多彩なおばんざいがズラリ。女将がとっておきの笑顔で出迎えてくれます。おばんざいは季節により異なります。

MAP P.180 F-2 ☎075-252-5649 ♠京都市中京区材木町181-2 ニュー京都ビル1F奥 ◎17:00 ～ 22:00 ♠月曜、日曜・祝日不定休

日本酒をぜひ召し上がれ!

1 日本酒は定番・日替わり合わせて30種類前後を用意。90ml726円 **2** 趣のある店の外観も素敵! **3** 大正時代の町家の雰囲気を残した店内。大鍋で炊くおでんがインパクト大

一見さんも安心♪

おひとり様ウェルカムな酒場4選

おひとり様でも行きやすい理由
居心地のよいカウンター席でじっくり日本酒をいただけるから

斬新なアテも魅力的な京都で注目の日本酒酒場

おでんで体を温めて

酒場にひとりで行くのは勇気がいる……。そんなあなたにぜひ教えたい、おひとり様でも気軽に入れるの酒場をピックアップ!

ぽんしゅや三徳六味
五条高倉店
ぽんしゅやさんとくろくみ ごじょうたかくらてん

町家空間で楽しむお酒と料理
精進料理の極意を店名に冠した日本酒酒場。希少な銘柄が揃う日本酒や素材の斬新な組み合わせが光るアテ、鶏白湯だしをベースにしたおでんを用意。町家を改装した空間も落ち着いた雰囲気で◎。
MAP P.176 D-2 ☎075-744-6736
🏠京都市下京区亀屋町170 🕐17:00〜翌1:00(日曜、祝日は16:00〜23:00) 🔒不定休

オーダーするならコレ!

個性派の逸品料理やおでんがズラリ **4** とろ葉芋イクラジュレ836円 **5** 炙り貝柱とグレープフルーツ酢みそ726円 **6** 自家製サバのポテサラ616円 **7** おでん(にゃんぺん、豚とアスパラ、巾着、だいこん)209円〜 **8** 焼きみそ506円

❀❀❀ スタッフとの会話も楽しめるのが酒場の魅力。地元の人に京都のおすすめスポットなどを聞いてみては?

おひとり様でも行きやすい理由
店内が明るくおしゃれで一人でも気軽に入りやすいから

立ち飲みスタイルで味わう
美酒とおばんざい

1 店内では座って飲食することも可能 2 京の地酒三種盛り1210円 3 人気のおばんざい盛り合わせ858円 4 凍らせたフルーツを使ったフルーツチューハイ（レモン）638円

京都スタンド きよきよ
きょうとスタンド きよきよ

カジュアルな立ち飲み処

京都の人気居酒屋「京家 きよみず」の料理を気軽に味わえるスポット。だしと宇治茶の葉で炊いた牛タン煮990円はぜひお試しを。日本酒も京都の地酒や日本各地のカップ酒など豊富に揃います。

[MAP]P.180 F-4
☎075-223-4733 🏠京都市中京区木屋町通四条上ル鍋屋町220-1 FORUM木屋町先斗町1F ⏰14:00～22:30 🚪水曜（祝日・祝前日の場合は営業）

---

1 シューマイ550円、イチジクの白和え650円、焼きナスの土佐酢がけ450円、日本酒は1合800円～（半合も可能） 2 カウンターが中心の店内 3 住宅街に溶け込むように佇む

イノウエ
いのうえ

上品なアテと日本酒の店

姉妹ふたりで営む小さな飲み処。80年代生まれのお姉さんが同世代の女性を意識して揃えたアテは15種類。丁寧な作り方に思わず笑みがこぼれます。"飲み疲れない"日本酒と一緒にいただいて。

[MAP]P.177 C-1
🏠なし（予約不可）
京都市中京区下瓦町568 ⏰17:00～23:00 🚪月曜、不定休（公式Instagramを要確認）

おひとり様でも行きやすい理由
時間をかけてじっくりと味わいたいアテが揃っているから

姉妹の温かな接客も素敵な四条大宮の隠れた名酒処

おひとり様でも行きやすい理由
扉がなく開放的な雰囲気でふらりと立ち寄りやすいから

名物「野菜盛り」と
好きなお酒で過ごしたい

1 野菜盛り1000円～などお酒に合うメニューが揃う 2 カウンター席が中心の店内

ハイキング
はいきんぐ

お酒と夜ごはんの二刀流

いつもご近所さんを中心に賑わう空間は夜でも明るい雰囲気。お酒のバラエティも豊富に揃い2軒目使いにぴったり。種類もボリュームも◎な野菜盛りをアテにゆっくり飲むのがおすすめです。

[MAP]P.177 B-1
☎090-2011-1135
🏠京都市右京区西院西今田町10-15 グレースアレイ西院1F ⏰17:00～22:00頃 🚪日・月曜

飲んで、食べて、寝て理想が叶う夢のスポット

"酒場とお宿のハイブリッド"が話題になっている複合商業施設もみじの小路。京都らしい風情もあり観光の拠点にも便利なスポットなんです。その魅力を大解剖します!

IN THE Night (18:00-21:00)

もみじの小路
もみじのこみち

京都の"今"をギュッと凝縮

松原通沿いにある町家の集合体を改装した複合商業施設。京都らしい風情に満ちた中庭を囲んで、飲食店やコーヒー焙煎所、コワーキングスペース、宿泊施設といった個性あふれる店舗が揃います。

MAP P.179 A-3

京都市下京区石不動之町682-7

おいしそう!

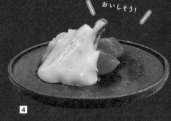

4

夜の予約はお早めに

A. DONTSUKI

DONTSUKI
ドンツキ

漁師めしも人気の店

昼は豪快な漁師めしを、夜は旬の食材を使ったコース料理などを提供。特に夜は予約が取れないので早めの問い合わせがベター。

MAP P.179 A-3
☎050-3150-8464（予約専用）
⏰11:00～LO14:30（なくなり次第終了）、19:00～23:30 🔒不定休（公式Instagram要確認）

逸品にもこだわる!

5

①カウンター5席のみのこぢんまりとした店内 ②ランチで人気の漁師めし1500円（なくなり次第終了）③④⑤和洋中などのジャンルを超えた料理が揃う夜のコース8000円～

❀❀❀ 「もみじの小路」のように飲食店が集合する建物を京都では「会館」と呼ぶことが多いです。

にほんしゅ屋しゅうろく
にほんしゅやしゅうろく

膨大な日本酒コレクション！
店内はひとりでも過ごしやすいアットホームな雰囲気。スタッフが豊富な日本酒から、好みやおすすめの銘柄を紹介してくれます。

MAP P.179 A-3 ☎075-366-4606 ◎17:30〜24:00 🔒月曜（祝日の場合は翌日）

お酒のアテも充実してます

1 体を温めてくれるおでん1品220円〜 2 おでんじゃがポテサラ825円 3 お造りの3種類盛り合わせは1100円〜用意

4 5 冷酒約20種類、常温または燗酒にぴったりの約300種類と酒販店顔負けのラインナップ 6 カウンター席でのんびりお酒とアテを楽しんで

もみじの小路 MAP

御幸町通

入口

Garden Lab（コワーキングスペース）

WEEKENDERS COFFEE ROASTERY（コーヒースタンド）

松原通　入口

日本酒党はここ！

B. にほんしゅ屋しゅうろく

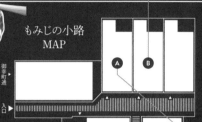

ゆっくりしてってや！

新鮮な海鮮が自慢！

C. 京都さしみ丸

1 魚のお刺身盛り合わせ1650円 2 旬の魚介が並ぶトロ箱 3 店内はシックな雰囲気 4 和牛のいちぼ肉わさび冷煮1100円 5 金時人参と百合根のまんじゅう880円

京都さしみ丸
きょうとさしみまる

産地にこだわる魚介料理
全国各地で水揚げされた旬の魚を厳選。新鮮な造りはもちろん、焼き物、蒸し物など、食材の魅力を引き出して提供しています。

MAP P.179 A-3 ☎075-746-2784 ◎17:00〜22:00（前日までの予約がある場合は15:00〜17:00も営業。コースは前日までの予約制）🔒不定休（公式Instagramを要確認）

新鮮な魚の旨さに感激！

水と大地に育てられた
京野菜ごはん

手間ひまかけて作られた京野菜は、その季節にしか味わえないおいしさ。

1 『焼野菜五十家』の旬の「焼き野菜」

自社農園と協力農家の新鮮な旬野菜を鉄板や炭火で焼き、独創的な「焼き野菜」に。野菜サワーなども充実。

1 九条ねぎ香味スパイス京都ポークバラ750円 **2** ルッコラ紹興酒漬けズワイガニ650円 **3** かぶら蟹味噌と豆乳のクリーム600円 **4** しいたけ徳島すだちとヒバーチ550円 **5** 虹はるかフェンネルと発酵バター600円

1 焼野菜五十家
やきやさいいそや
MAP P.184 F-5
☎075-212-5039 🏠京都市中京区木屋町通御池下る下丸屋町421-5 ⏰17:00～22:30 🚪不定休

2 『yasai hori』の新鮮野菜の炭火焼き

和洋多彩な料理で野菜を堪能できる専門店。まずは素材そのままをいただく炭火焼きから試してみて。550円～

2 yasai hori
ヤサイ ホリ
MAP P.180 E-4
☎075-555-2625 🏠京都市中京区新中之町565-11 ⏰17:00～24:00 🚪火曜

3 『京洋食まつもと』の大人のハンバーグ

A4ランクの黒毛和牛と京のもち豚のひき肉を使用。角切りにした和牛レバーが入り味に深みが増しています。2420円

お一人様もお気軽に！

デミグラスがおいしいの♡

ご飯は丹波産のコシヒカリを使用。町家風の落ち着いた雰囲気で存分に堪能して！

3 京洋食まつもと
きょうようしょくまつもと
MAP P.181 A-3
☎075-708-7616 ⚑京都市中京区蛸薬師通新町西入ル不動町171-4 🕐11:30～LO14:30、18:00～LO21:30 🏠月曜(祝日の場合は翌日)

レベルの高さに驚き！

大人の洋食

実はハイレベルな洋食店が多い街・京都。夕食でじっくり味わいたい名品を3つご紹介！

5 『喫茶マドラグ 藤井大丸店』の大人のお子様ランチ

京都の喫茶文化を伝える「喫茶マドラグ」の2号店。童心に返れる王道スタイルの大人のお子様ランチがおすすめ。1320円～

テンションあがる～♪

ハンバーグやオムライス、プリンなど、テンションが上がるメニューが揃う

藤井大丸店限定のマドラグランチ1320円

やっと会えた憧れサンド

5 喫茶マドラグ 藤井大丸店
きっさマドラグ ふじいだいまるてん
MAP P.180 E-4
☎075-744-6624 ⚑京都市下京区寺町四条下ル貞安前之町605 藤井大丸5F 🕐10:30～20:00 🏠施設に準ずる

ときどき無性に食べたくなる☆

4 『Rhône』の店主特製ナポリタン

細めの麺とじっくり煮込んだケチャップがマッチ。店主の技が光る人気メニュー 900円

4 Rhône
ローヌ
MAP P.177 C-1
☎075-821-2310 ⚑京都市中京区三条猪熊町645-1 🕐12:00～22:00(火・水曜は～18:00) 🏠木曜

料理を引き立てる銘酒揃い

日本酒にこだわる晩ごはん

和食にマッチする日本酒。店主のセレクトの
目利きが冴える飲食店を厳選しました。

どれから食べましょう

ぜひおすすめを聞いてね

特別純米 Suzu-Kabuto

常温熟成

日本酒（90ml）570円〜は滋賀
県にある大小の酒蔵を中心に20
種類を揃える

お酒おかわり決定♪

**1 『お料理とお酒 ふくら』
の未完コース**

豊富な食材で知られる滋賀県の恵みを取り
入れた料理を提案。日本酒との相性を考え
たコース「未完」で楽しんで。6800円〜

1 お料理とお酒 ふくら

おりょうりとおさけ ふくら

MAP P.184 F-2
☎075-252-0505 ◆京都市上京区河原町荒神口
下ル上生洲町220-1 ◷12:00 〜最終入店13:30（前
日正午まで要予約）、17:30 〜 22:00※土・日曜、祝
日は予約なしランチ営業あり ♨月曜、不定休

**3 『日本料理と日本酒 恵史』
のおまかせ三品**

器や盛り付けも美しい
「おまかせ3品」（写真は
1品目）を食べたあとに
単品注文を。5500円

これは芸術品？

老舗料亭の「和久傳」で料理長を務めた店主が豊かな季
節の食材を使用し、上品な味わいの逸品に仕上げる

3 日本料理と日本酒 恵史

にほんりょうりとにほんしゅ さとし

MAP P.181 A-2
☎075-708-6321 ◆京都市中京区
宮木町471-2 ◷12:00 〜 14:00（予
約のみ）、17:30 〜 23:00 ♨不定休

**2 『益や酒店』の
日本酒とアテ**

京都・滋賀・奈良を中心に全国各地の日本
酒を、グラス490円〜で提供する。おばんざ
いや珍味など、日本酒のアテにも定評アリ！

湯葉ピザ6
60円

いぶりがっこポ
テサラ550円
（ハーフサイズ
390円）

ホタルイカ
沖漬け450
円

とぶとぶちち

2 益や酒店

ますやさけてん

MAP P.180 D-4 ☎075-256-0221 ◆京都市
中京区御幸町通四条上ル大日町426 ◷15:00 〜
24:00（土・日曜、祝日12:00 〜）♨不定休

益や酒店

136

雰囲気がめっちゃいい!

味のある酒場で一杯

多くの人に愛される酒場が点在する京都。
おいしい料理とお酒、人情に触れてみて

4 『京極スタンド』のハムカツ

老若男女を受け入れる昭和初期
創業の大衆食堂＆酒場。大理石
の長テーブルなど全て相席なの
で、自然と会話が生まれます。

はずせません!

4 京極スタンド

きょうごくスタンド

MAP P.180 E-4
☎075-221-4156 🏠京
都市中京区新京極通四
条上ル中之町546
12:00 〜 21:00 🈺火曜

アテや定食、洋
食など幅広いメ
ニューを用意。
サクサク衣のハ
ムカツはぜひ注
文を。600円

6 『にこみ 鈴や』のもつ煮込み

京都で煮込み料理といえば必ず名前が挙
がる名店。カウンター席でもつ味噌煮込みと
おでんを中心とした料理を年中楽しめます。

まずはいただきたい近江牛もつ煮700円、ぬ
か漬け400円。〆にぴったりのカレー（小）
400円〜

料理も器もすてきです♡

6 にこみ 鈴や

にこみ すずや

MAP P.181 B-2
☎075-708-3178
🏠京都市中京区姉小
路通新町通東入ル南側
二軒目 🈺16:00 〜
LO22:00 🈺月曜

5 『糸ちゃん』のホルモンフライ

朗らかな女将さんと娘さんが中心に
なり営む、朝から飲める食事処。街
なかから離れた場所にありますが、
わざわざ行きたい名物店です。

5 糸ちゃん

いとちゃん

MAP P.185 B-4
☎075-661-4023
🏠京都市下京区屋形
町7-1 🈺10:00 〜
17:00（火・水曜 〜
20:00）🈺日・月曜

麺類や丼類が
充実するな
か、ぜひ味わ
いたいホルモ
ンフライ。ミ
ノ天、レバー
天各120円

一度は食べて!!

とりあえずビールと○○○

京都24H 瓦版 夜刊

夜のお楽しみはこれから。午前や午後には味わえない特別な体験がたくさん！気になるものは見つかりましたか？

日中とは違う！フォトジェニックな京都に出合おう！

夜だけしか見られない神秘的な光景

日中、観光客でにぎわっていたのが噓のように静かな夜の京都。祇園を南北に通る夜見小路は石畳の道がほのかにライトアップされ京情緒あふれた空間に変わります。夜の散策を楽しむならぜひ訪れたいスポットです。

花見小路に行くなら近くの八坂神社へも足をのばして。特別拝観期間は西楼門や拝殿の提灯に明かりが灯り、風情ある情景を目の当たりにできます。

烏丸御池近くの御金神社も、昼夜を問わず参拝できる神社のひとつです。黄金に輝く鳥居がひときわ存在感を増し境内は幻想的な雰囲気に。しっかりとお祈りしてご利益もいただきましょう。

御金神社
みかねじんじゃ
[MAP] P.181 A-1
☎075-222-2062　🏠京都市中京区西洞院通御池上ル押西洞院町614　⊙境内自由（社務所は10:00～16:00）

ライトアップされた光景はまるで黄金が輝いているよう

八坂神社
やさかじんじゃ
[MAP] P.178 D-2
☎075-561-6155　🏠京都市東山区祇園町北側625　⊙境内自由（社務所は9:00～17:00）

東大路通に面した西楼門は、光を浴びて幽玄の世界を表現

花見小路
はなみこうじ
[MAP] P.179 C-2
🏠京都市祇園町南側

夜の水族館で……かわいい生きものに胸キュン♡

生きものたちのかわいい姿に感動！

期間限定で開かれる京都水族館の人気イベント『夜の水族館』。2023年度は4月～12月の土・日曜、祝日に開催。通常18時までの開館時間を20時までに延長し、夜ならではの生きものの生態と演出を観察できます。

大水槽の「京の海」など館内のさまざまなエリアを夜限定の幻想的な照明で照らし、オットセイやペンギンがスヤスヤと眠りに就く姿やゆったりと泳ぐ魚の姿を眺める貴重な体験を味わえます。

「普段と雰囲気が変わってきれい」など参加者からも好評のイベント。詳しくは公式HPをチェックして！

京都水族館
きょうとすいぞくかん
[MAP] P.185 A-4
☎075-354-3130　🏠京都市下京区観喜寺町35-1（梅小路公園内）⊙HPを要確認　¥2400円　🏠無休

スヤスヤ

美しい光景にうっとり♡

グルメメニューも豊富。夜ごはんもいただけちゃう！

マイワシの群れがゆったり泳ぐ様子を見られる大水槽「京の海」

会いに来てね！

季節限定！叡電ライトアップを要チェック！

七夕の季節と紅葉の時期に開催

鞍馬線市原～二ノ瀬駅間の「もみじのトンネル」がライトアップ。車内の明かりを消してゆっくり走るため、より幻想的な光景を眺められます。秋の紅葉ライトアップでは停車して車窓からの景色を観賞できることも。

叡電もみじの
ライトアップ
えいでんもみじの
ライトアップ
[MAP]P.173 B-1
☎075-702-8111
🕒公式HPを確認

春～秋の土・日曜、祝日は 梅小路ハイラインに行こう！

廃線跡の一部を整備
週末はお祭りムードに

JR梅小路京都駅西駅すぐの高架廃線跡地にできた新名所「梅小路ハイライン」。屋外に屋台がズラリと並ぶ光景は圧巻！食事やお酒、音楽を楽しみながら京都の夜を満喫できるイベントです。開催日時など詳しくは公式Instagramを見て確認をしてください。

梅小路ハイライン
うめこうじハイライン
[MAP]P.185 A-4 ☎なし（公式Instagramを確認）🏠京都市下京区観喜寺町　梅小路短絡線高架上 🕒HPを確認

20時過ぎても大丈夫 おみやげ選びができるスポット

DEAN & DELUCA 京都
ディーンアンドデルーカきょうと
[MAP]P.181 B-3
☎075-253-0916 🏠京都市中京区烏丸通蛸薬師下ル手洗水町645 🕒10:00 ～ 21:00 🔒無休

おみやげ街道 京店
おみやげかいどう きょてん
[MAP]P.185 B-4
☎075-344-4747 🏠京都市下京区東塩小路町 京都ポルタ2F🕒7:30 ～ 22:00 🔒無休

夜も着物で観光するなら翌日返却できるレンタルきものを選ぼう

レンタルきもの岡本 京都駅西店
レンタルきものおかもと　きょうとえきにしてん
[MAP]P.185 A-4 ☎075-950-0805 🏠京都市下京区朱雀堂ノ口町20-4 ホテルエミオン京都内2F🕒9:00～18:00 🔒無休

返却時間を気にせず着物姿で夜の京都観光を！翌日の17時までに返却すればOK

京町家で味わう贅沢 高級パフェ専門店オープン！

錦市場のすぐそば
隠れ家的雰囲気も魅力

日本の伝統美を感じさせる薄明かりの空間で、ストーリーとメッセージ性を感じられる独創的なパフェを満喫できる「QeFare」がオープン！

23時まで営業しているので、アルコールと一緒に楽しんだりパフェにいただいたりすることも。スイーツ好きは見逃せません！

食べ進めるごとに味の変化を感じられる KASANE 2300円

QeFare
ケハレ
[MAP]P.180 D-4
☎075-600-0177（予約がベター）🏠京都市中京区西大文字町613🕒11:00 ～ 16:00、19:00 ～ 23:00 🔒火・水曜

京都の真夜中

IN THE

Midnight

22:00 - 24:00

静けさに包まれた深夜の京都。〆に夜パフェや夜アイスを食べる人、この時間からハシゴ酒を始める人。深夜喫茶でコーヒータイムを楽しむ人。それぞれが思い思いに過ごす、そんな京都の夜が今日も更けていきます。

大人の雰囲気漂う先
斗町には夜パフェと
お酒が揃う「Lilou」
(▶P.142) などがあ
ります

背徳感がヤミツキ！？

22:00 夜パフェ or 夜アイスの選択肢

こんなに迷うなんて想像もしなかった食事を楽しんだあとの2軒目に選びたい「夜パフェ」と「夜アイス」。罪悪感が全くないわけじゃないけど、今日だけはリミッター解除！ さてどちらにしよう。

「夜パフェ」を選ぶならお酒も一緒に味わうのがおすすめ。先斗町の「Lilou」や河原町の「夜パフェ専門店 NORD°」はカクテルなどの

choose 1

パフェ派

- ☑ フィナーレは華やかに飾りたい！
- ☑ お酒も一緒にいただきたい！
- ☑ バーの雰囲気も味わいたい！

サクサク食感と香ばしさ魅力の焼き菓子。箸休めに召し上がれ

とろ〜り生キャラメルのジェラートパフェ
1530円
生キャラメルと十勝産牛乳ジェラートを使用した定番パフェ

ラベンダーのスパークリングカクテル960円と相性は文句なし

甘さを抑えたコーヒーゼリーとミルク部分が味を引き締める

フレッシュなイチゴとバナナのアイスクリームがオン

イチゴミルクのソルベにシナモンクッキーが深い味わいを奏でる

季節のフルーツパフェ
2000円〜
イチゴなど旬の味覚を使用。訪れるたびに違った味に出合える

夜パフェ専門店 NORD°
よるパフェせんもんてん ノード

〆パフェの伝道師
北海道の〆パフェ文化を京都で流行させた革分け的存在。北海道の新鮮なジェラートを使った〆パフェは個性的なカクテルなどと驚くほど合います。

MAP P.180 E-5
☎075-744-1271 🏠京都市下京区四条下ル市之町239-1 招徳ビル3F
🕖19:00〜LO22:30（土・日曜18:00〜）🔒不定休

Lilou
リル

ワインと味わう〆パフェ
自然派ワインを楽しめる隠れ家バー。女性店主はフランスで修業したパティシエールで、旬のフルーツ満載の本格デザートを提案。女性ひとりでも居心地の良い空間も魅力的です。

MAP P.180 F-3
☎090-9219-1360 🏠京都市中京区松本町161 先斗町ウエノビル2F奥
🕖18:00〜翌0:00 🔒月曜

❖❖❖ 「夜パフェ」の文化は北海道発。「夜アイス」ブームは大阪から火がつき全国に拡大中です。

choose 2

アイス派

- ☑ 年中冷凍庫にアイスをストックしている
- ☑ 1000円以下で最高のシメを感じたい！
- ☑ ホテルまで食べ歩きしながら帰りたい！

種類も豊富に揃うから、ペアリングも楽しんじゃおう。

最近京都でも専門店が増えている「夜アイス」も捨てがたい。東山の「21時にアイス」は今日の気分に合わせて選びやすい定番20種類の豊富なメニューが魅力。パフェを思わせる華やかな西大路の「夜行アイス」も気になる。結論、どちらも食べるしかない！（マジか）

チョコバナナ
680円
ベルギー産のチョコレートを使用した〆にぴったりの贅沢なアイス

子どもから大人までみんな大好きなバナナはチョコと最強マッチ！

カップの底にはクロッフルをしのばせてボリューム感を演出する

アールグレイ チョコホイップ
580円
濃厚なチョコとアールグレイが口の中でまろやかに溶け合います

チョコホイップ、チョコクランチ、チョコソースをあしらう

食べ進めるうちにミルクティーを思わせる味わいに変化

夜行アイス
やこうアイス

パフェ未満アイス以上

深夜0時まで営業するアイス専門店。チョコバナナや宇治抹茶などの定番に加え、契約農家から届く季節限定のフルーツを使ったフレーバーも。撮影スペースもあります。

[MAP] P.177 B-3
☎なし 📍京都市下京区西七条南西野町38 ⏰16:30～翌0:00 🔒不定休

21時にアイス 京都東山店
にじゅういちじにアイス きょうとひがしやまてん

夜アイスの火付け役

夜アイスブームの牽引役として知られる店。人気の濃厚生チョコ、紫芋モンブラン、栗モンブランなど20種類の定番メニューが揃います。お好みでトッピングを楽しむのも◎。

[MAP] P.185 C-4
☎075-746-3136 📍京都市東山区東瓦町690 ⏰16:30～翌0:00 🔒不定休

Best time
22:00

もう少し飲みたいなら…

おしゃれな**ワインバー**が落ち着くんです

厳選したワインと個性派のおつまみおいしいごはんをいただいたあとの2軒目。少し雰囲気を変えたいならワインバーという選択肢をチョイスするのはいかが？京都駅近辺なら2022年にオープンした「ALKAA」がおすすめ。ナチュラルワインを中心に約200

0本のラインナップが揃い、ワインに合う料理に焼き菓子も選べるのがうれしいですね。烏丸周辺なら路地裏に佇む「葡萄酒堂」。こちらは和食とイタリアンのペアリングが叶う、京都らしさが魅力。美しい空間も魅力的な「Cave de K」もぜひ訪れたいお店のひとつです。

> 素敵な夜を過ごして

落ち着く理由（ワケ）
路地裏の隠れ家を思わせるロケーションがポイント

ALKAA
アルカー

午後から深夜まで開店

京都駅徒歩4分の好立地に2022年オープン。14時から店を開けているので昼飲み使いにも便利。ワインはシャンパーニュをはじめ生産者を基準に選んだ2000本が揃います。

MAP P.185 B-4
☎070-9017-1507 🏠京都市南区東九条山王町15-7 ⏰14:00 ~ 24:00（休日の翌日は18:00 ～）💰チャージ（17時以降）500円 🔒不定休（公式Instagramを要確認）

1 白ワインに合う塩サブレ300円**2**やさしい甘さのなめらかプリン400円**3**外はカリッ中はムチッとした食感のカヌレ300円**4・5**ワインはボトル8000円～、グラス1400円～

♦♦♦「ALKAA」はカウンター席のほか、2階におしゃれなテーブル席を用意。グループ利用にもおすすめです。

落ち着く理由（ワケ）

街中にありながら喧騒から離れた路地奥のロケーション

イタリアワインの3種飲み比べセット858円

和食も落ち着く！

1 和食の料理人が作る鬼だし巻き玉子770円。鰹と昆布でとっただしがたっぷりと **2** グラスワイン638円～、ボトル3500円～用意

葡萄酒堂
わいんどう

イタリアワインで語らいを

イタリアでソムリエ資格を取得した店主が営む。常時20種類前後が揃うイタリアワインを、和食とともに味わって。ワイン飲み比べなどビギナー向けのメニューも用意。

1 築150年超の京町家をモダン＆ノスタルジックに改築した店内 **2** 烏丸駅から徒歩2分、路地の奥に入った場所に立地する店舗

MAP P.181 C-5
☎050-5462-3126 🏠京都市下京区元悪王子町47-12 ⏰ランチ11:30～14:30 ディナー17:00～24:00（日によって異なる場合あり）⑨330円（ディナータイムのみ）休日曜

22

cave de K
カーヴ ド ケイ

大人スイーツとワインの饗宴

京都を代表するバー「K6」の階下に佇むワインバー。アールの天井に漆喰の壁、天然石を配した美しい空間で、ワインとホットケーキやガトーショコラなどのペアリングを楽しんで。

MAP P.180 F-4
☎075-231-1995 🏠京都市中京区木屋町二条東入ル ヴァルズビル1F ⏰15:00～翌0:00 ⑨17時以降のバータイム1100円（別途サービス料要）休火曜

落ち着く理由（ワケ）

店主のきめ細かく丁寧な接客で居心地よく過ごせます

おみやげにおすすめ！

1 白を基調とした店内。ガラス張りの床にワインが敷きつめられている **2** ワインはグラス2750円～。ホットケーキ880円、チーズ盛り合わせ2530円 **3** クラブハウスサンド1650円

145

女性も行きやすいツウな店揃い

22:00 ハシゴ酒のススメ@西院&大宮

じゃんじゃん
飲もうでー！

タイ屋台 とき
タイやたい とき

日本人の舌に合うタイ料理

和の要素を所々にしのばせて日本人も食べやすいようにアレンジしたタイ料理を提案。近隣にある飲食店主からの信頼も厚くにぎやかな夜も多い、大宮の隠れた人気店です。

23:00
LO

MAP P.177 C-2
☎なし 🏠京都市中京区錦大宮町148 ◎18:00〜 LO23:00 🔒不定休

タイ屋台
とき

小鉢は自由に
選べます！

パクチーが
アクセント

小鉢三品盛980円、スイートチリソースで味付けした玉子焼き780円

大宮ってこんな街

かつて阪急京都線の終着駅だった歴史があり、常連さんに愛される名酒場も多いのが(四条)大宮。近年は独創的な料理で勝負する注目店舗も増え、若い世代からも人気。気になるお店を見つけたら勇気を出して入ってみて。

四条通

阪急大宮駅

嵐電
四条大宮駅

マ穂

大宮通

チャージは300〜400円。チャームにはお野菜中心のアテが登場

マ穂
マほ

24:00
CLOSE

〆はワインとおつまみで

「重すぎず・軽すぎず」を基準に選んだワインはどれでも750円。「京丹波せせらぎ農園」の無農薬野菜を中心に作るアテと一緒に、割烹着姿のまほさんとの会話も楽しんで。

MAP P.177 C-2
☎なし 🏠京都市下京区五坊大宮町71-2 ◎19:00〜24:00 🔒火曜

大宮飲みは
楽しかった？

♢♢♢ 西院一大宮の移動方法は市バス、阪急、嵐電と多彩。嵐電なら昔ながらのチンチン電車に乗れます。

IN THE Midnight (22:00-24:00)

て贅沢が叶っちゃう！大宮へ移動したら、「タイ屋台とき」では初めて出会った隣の人ともにぎやかに乾杯！最後は割烹着姿の店主さんが素敵な「マ穂」へ。セレクトにこだわるワインとおつまみをアテについつい話も弾みます。まだ時間あるかな。もう一杯飲んじゃおうかしら。えへ。

ひとり旅でも行きやすいおすすめの店をハシゴ酒。庶民的な雰囲気とお酒を楽しむなら、西院と「四条」大宮を訪れて。まずは威風堂々たる「折鶴会館」が出迎えてくれる西院へ。時刻は夜の10時を過ぎているのに「さすらいのカンテキ」で国産黒毛和牛の焼肉をつまむなん

嵐電
西大路三条駅

西大路通

佐井通

折鶴会館
おりづるかいかん

風格に満ちた飲み屋が集結
路地を思わせる通路に飲食店が軒を連ねる、京都を代表する会館。レトロな雰囲気漂う館内では、各店こだわりのお酒とアテをつまみ、隣り合う人と語らいを楽しむ光景が日常です。

MAP P.177 B-2

西院ってこんな街
学生に人気のチェーン店からシブ好みの酒場まで、幅広い世代を受け入れるのが西院の魅力。京都の独特の酒飲み文化「会館飲み」をするなら折鶴会館へ。隣り合う人におすすめの店を聞いて移動するのもおすすめです。

阪急西院駅

さすらいの
カンテキ

折鶴会館

嵐電西院駅

西院⟷大宮間は歩いて約20分！

さすらいの五種盛りハーフ1320円のほか、平日17時〜18時の期間はちょいやきセット550円もありお得に。おばんざい250円〜も日替わりで用意

一見さんも気軽に入れる雰囲気。「女性ひとりでも楽しく過ごしてもらえます」と店主

2軒目は
どこ行くん？

さすらいのカンテキ 西院酒場
さすらいのカンテキ さいいんさかば

国産黒毛和牛をお気軽に
A4ランク以上の国産黒毛和牛の焼肉をカジュアルに楽しめるおひとり様大歓迎のスタンド。本格焼肉タレや京野菜の九条ネギ、明るい女性店主のきめ細かいサービスも魅力です。

MAP P.177 B-2 ☎080-3795-2795 京都市右京区西院高山寺町15番地折鶴会館 家屋番号52番 ⏰17:00〜LO23:30 🔒不定休

喫茶DATA
席数：19席　タバコ：喫煙可
お酒：あり（ビール・ウイスキー）

ひとりでも
お気軽に

Best time
23:00
ビルに佇む隠れ家喫茶で……
夜更かし深夜コーヒーのススメ

真夜中に香り高いコーヒーが欲しい。そんなときはおいしい一杯を
提供してくれる喫茶店で無所属の時間を過ごしてみてはいかが。

2

じっくり
じっくり

1

① コーヒーを淹れる様子を近くで眺められるカウンター席
② ハンドドリップで丁寧にコーヒーを淹れてくれる

喫茶 百景
きっさ ひゃっけい

無機質なデザインが粋な喫茶
アンティーク照明が灯る店内は居心
地のよい雰囲気。自家焙煎珈琲ガロ
から特別に注文した深煎り豆で淹れ
る百景ブレンドは程良い苦味とまろ
やかな後味を楽しめます。
MAP P.180 D-4
☎075-746-6950 ♠京都市中京区富
小路通錦小路下ル西大文字町601山下
ビル2F ◎13:00〜翌1:00 ♠無休

チーズの
風味豊か！

百景ブレンド
との相性を考
えて作られた
チーズケーキ
600円

❀❀❀ 夜にコーヒーを飲むと疲れを和らげリラックスできる効果が。飲みすぎにはご用心を。

coffee&wine Violon
コーヒーアンドワイン ヴィオロン

名曲とともにコーヒーを

クラシックが流れるカウンター8席の空間は抜群の居心地。コーヒーはもちろんセレクトにこだわったグラスワイン1100円〜も人気。お酒に合う料理もこだわっています。

MAP P.179 A-3
☎なし ♠京都市下京区松原通西木屋町上ル すえひろビル1F奥 ◎17:00 〜翌1:00（木曜18:00 〜）♠日曜

香りに癒される

1 木屋町のビルの1階奥、重い扉の先に静かな空間が広がる 2 自家焙煎にこだわるコーヒー900円 3 ラムネソーダにバニラの花が咲くクリームソーダ1500円（数量限定）4 ハンドメイドの温もりまで伝わるチョコレートケーキ600円はコーヒーにぴったりのスイーツ

ゆっくりとお過ごしを

喫茶DATA
席数：8席　タバコ：禁煙
お酒：あり（ワイン）

1 店内はどこかほっとする雰囲気 2 深煎りのコクとスッキリとした味わいのEF ブレンド7は800円

ELEPHANT FACTORY COFFEE
エレファント ファクトリー コーヒー

本を片手においしい一杯

河原町の路地裏にあるコーヒー好きが集う空間。ハンドドリップで丁寧に淹れた深煎りコーヒーが評判。本を読みながら長居して味わいたい。

MAP P.180 E-3　☎075-212-1808 ♠京都市中京区蛸薬師通木屋町西入ル備前島町309-4 HKビル2F ◎13:00 〜翌1:00 ♠木曜

心を込めて淹れます

喫茶DATA
席数：16席　タバコ：禁煙
お酒：あり（ビール）

Best time
23:00 京の夜を締めくくる町家Bar

特別な日の夜に念願のバーデビュー

時刻は深夜23時。京都の夜もそろそろフィナーレ。楽しかった時間をお酒と一緒に振り返りたい。そんなときは京都らしい町家バーを訪れてみては？

四条河原町の近く。静かな街並みにポツンと明かりが灯る「BAR KINGDOM」は、江戸時代から続く町家を改装した和洋折衷の雰囲気が素敵。オーナーバーテンダーの木戸さんは、銀座の名店「BAR OPA」などで修業を重ねた実力派で飾らない人柄が魅力。メニュー表はなく「普段口にするお酒や「軽め」飲みやすい」などイメージするキーワードをお伝えいただければ、ご希望に叶う「お酒を用意します」と木戸さん。隣りの人との会話も自然と弾み、京都の夜はまだ続きそうです。

A tiny Japanese garden

1

Approach

Room

3

2

1 バーカウンターから振り返った場所には坪庭があり京都らしさ満点 2 グループ利用に最適な空間も用意されている 3 扉を開けて一歩中に入ると石畳のアプローチが設けられ、特別感を演出

BAR Kingdom
バーキングダム

名店仕込みの技が冴える美酒

2020年オープン。「BAR OPA」譲りのレシピで作るジントニックをはじめさまざまなカクテルを提供。地元客のほか国内外の観光客も多く訪れ、人気の高さがうかがえます。

MAP P.176 D-2 ☎075-361-7870 ♠京都市下京区富小路仏光寺下ル筋屋町151 ◷19:00～翌2:00 ⑤チャージ700円 🔒月曜

抹茶スパーク
1600円
ジンをベースに抹茶が香る京都らしい一杯

季節のフルーツカクテル
1800円
シャインマスカットなど旬の果物を使用

ジントニック
1500円
ジンの風味とライムの酸味が絶妙な味わい

Bartender

優しい笑顔と語り口でお酒を作ってくれるオーナーバーテンダーの木戸さん

151

最後はやっぱり…

つるっと〆麺

あんかけ とろぉ〜り

お腹いっぱい食べて飲んで、麺料理で締めくくりたい。うどんとラーメンどっちにする？

やさしすぎるお出汁がしみる♡

1 『おかる』ののっぺい

甘辛く煮たシイタケや玉子焼きなどをのせたあんかけうどんにおろし生姜をたっぷり。片栗粉もダシで溶いて風味が濃厚。1100円

まちがいなし

1 おかる

MAP P.179 C-1
☎075-541-1001 ✦京都市東山区八坂新地富永町132
⏱11:00 〜 15:00.17:00〜翌2:00(金・土曜〜翌2:30、日曜は昼のみ) 🈳無休

京都の定番

チャーシューが贅沢すぎるっっ！

京都ではずせない背油チャッチャッ！

3 『ラーメン あかつき』のチャーシュー麺

旨みが凝縮された豚のゲンコツ＆鶏ガラスープにストレートの中太麺がしっかり絡む至極の味は深夜にこそ食べたい。並950円

鶏の唐揚げとライスのサービスセットも注文したい

2 『元祖熟成細麺 香来 壬生本店』のラーメン

豚骨＆鶏ガラスープに醤油のコクを加え、背脂を浮かべた京都ラーメンの王道。丸細ストレート麺とスープの相性も抜群。800円

3 ラーメン あかつき

ラーメン あかつき
MAP P.182 E-1
☎075-702-8070 ✦京都市左京区北白川堂町13 ⏱11:30 〜翌3:00 🈳不定休

タクシードライバーもよく訪れる地元の名店

2 元祖熟成細麺 香来 壬生本店

がんそじゅくせいほそめん こうらい みぶほんてん
MAP P.177 C-1
☎075-822-6378 ✦京都市中京区壬生馬場町35-5 ⏱11:00 〜翌3:00 🈳水曜

深夜のテイクアウト

ホテルでひと息ついていただきたい。そんなお夜食にぴったりのメニューを集めました。

4 『ポークおにぎりやブヒ』のポークおにぎり

宮古島出身のオーナーが提案する沖縄のソウルフード。定番のほかにも京都らしい素材を使ったおにぎらずも期間限定で登場。450円～

思いっきりかぶりついてください♡

これが定番!

まちがいなしの組み合わせ

❶タルタルソースとかいわれ大根をはさんだ人気のシュリンプ600円（Wは700円）❷定番のプレーン450円はスパム＋玉子焼き＋マヨネーズの王道スタイル❸沖縄特産脂みそをはさんだみそ500円

4 ポークおにぎりやブヒ

MAP P.179 C-1 ☎075-741-8775
🏠京都市東山区末吉町90 梅花ビル1F ⏰18:00～翌3:00（おにぎりがなくなり次第終了）🈺日曜、祝日

5 『ソガシッタン』のチゲセット

「徐家のオモニの味」にこだわりぬいたスープメニューが自慢の店。底冷えする京都の冬も体を優しく温めてくれます。980円

ご飯がススムススム…

甘辛いスープはご飯との相性が抜群。身も心もアツアツに♪

よ～く混ぜてね

韓国家庭料理の王道ビビンバ 780円もおすすめ

ジュージュー熱々を!

ニラをふんだんに使用したカリふわ食感のチヂミ680円

6 『おさけとプリン Volare』のプレミアムバニラ

生クリーム50％以上を使ってなめらかさを際立たせたプレミアムバニラをはじめ、お酒を効かせた大人のプリンを用意。700円

瓶のなかにとろけるプリン

6 おさけとプリン Volare

おさけとプリン ボラーレ

MAP P.178 D-1
☎075-366-5620 🏠京都市東山区祇園町北側347-152 ⏰8:00～翌5:00 🈺日曜

5 ソガシッタン

そがしったん

MAP P.178 D-1 ☎075-741-8129 🏠京都市東山区祇園町北側347-9 サンシステム祇園ソーシャルビル1F ⏰11:30～14:00、18:00～翌2:00 🈺月曜

京都の真夜中ならではの過ごし方をクローズアップ！非日常感たっぷりのスポットに行って京都を遊び尽くそう！

一日の終わりに……

レトロ銭湯＆サウナ

でととのう！

船岡温泉
ふなおかおんせん
MAP P.175 C-3
☎075-441-3735
京都市北区紫野南舟岡町82-1 ⏰15:00〜翌1:00（日曜 ♨8:00〜）
¥入湯料 490円 🏠無休

芸術性の高い設えはもちろん、露天風呂や檜風呂など、バリエーション豊富な浴槽が魅力の船岡温泉。日曜日のみ午前8時から朝風呂も実施しています

サウナの梅湯
サウナのうめゆ
MAP P.185 B-3
☎080-2523-0626
京都市下京区岩滝町175
⏰14:00〜翌2:00（土・日曜6:00〜12:00、14:00〜翌2:00）¥入湯料490円 🏠木曜

グッズもあるよ！

ネオンライトが印象的なサウナの梅湯。深夜2時まで営業することから遅がけの利用にもおすすめ。追加料金なしでサウナに入れるのもポイントです

地元の人も集う癒しの空間

街なかを歩くと昔ながらの銭湯に出会えるのが古き良き京都らしさ。開業当時の姿を保ちながら営業を続ける銭湯も多く残しています。なかでも大正時代に創業した歴史があるのが『船岡温泉』は、なんと建物自体が登録有形文化財というから驚きです。マジョリカタイルや透かし彫りの欄間など素敵な意匠があちらこちらに散りばめられ、さながらアート鑑賞をしながら銭湯体験を味わえるんです。また天然地下水を薪で沸かす昔ながらの方法にこだわるのが『サウナの梅湯』。一時は廃業の危機に瀕した銭湯を若い店主が復活させたことでも有名です。オリジナルグッズもぜひチェックしてください。

いつでもパン＆ドリンクを楽しめる

24時間眠らないホテルって？

2023年9月に誕生したばかりの「insomunia KYOTO OIKE」。1階に設けられたラウンジではフリードリンクやフード、レンタサイクルのほか、有料でSAKEサーバーのサービスも。24時間いつでも受けられます。夜更かし派の人にぴったりです。

ラウンジサービスが24時間充実！

こだわりのパンは12種類前後を時間ごとに焼き上げるので、利用時間によって違うフレーバーを楽しめる

insomnia KYOTO OIKE
インソムニア キョウト オイケ
MAP P.181 B-1
☎075-221-7700 京都市中京区室町通押小路下ル御池之町314 ⏰IN15:00 OUT11:00 ¥1泊1室1万1200円〜 🏠88室

パンも食べ放題

ゲーム好きが集うバー。フードやお酒と一緒にボードゲームを楽しみながら京都の長い夜を楽しんで

夜更かしゲームはいかが？

子どもの頃に戻って

GAME BAR CLANTZ
ゲーム バー クランツ
MAP P.180 D-3
☎075-221-3601 京都市中京区蛸薬師通油屋町146 ラポルトビル4F ⏰19:00〜翌3:00 ¥チャージ500円（1時間毎に1ドリンクオーダー制）🏠月曜

あがた祭とは!?

暗夜の奇祭

熱気に包まれた特別な夜祭り

毎年6月5日から6日未明にかけて行われるあがた祭り。暗闇の中を梵天渡御が行われることから「暗夜の奇祭」とも呼ばれています。

縣神社
あがたじんじゃ
MAP P.186 A-5
☎0774-21-3014
宇治市宇治蓮華72 ¥無
🏠境内自由

真夜中もにぎやか！

THE

SEASON

Guide 24h

春夏秋冬
とっておきの
１日の愉しみ方

春

How to enjoy a spring day

の1日の愉しみ方

京都の春を象徴する「桜」をテーマに散
策。桜にちなんだお弁当やスイーツも忘
れずにいただきたいものです。

12:00

見た目華やかな花見弁当をいただく

季節の食材を詰め込んだ竹籠弁当3780円
は種類豊富なおかずと美しい盛り付けで、
お花見もより特別なものに。

三友居
さんゆうきょ

MAP P.182 E-1
☎075-781-8600 🏠京都市左京区北白川久保田町
22-1 ⏰10:00〜18:00（前々日までに要予約）🈶水曜

10:00

哲学の道をはんなり桜さんぽ

約2kmの小路に延々と桜が咲き誇
り、まるでロマンチックな桜のト
ンネル。例年3月下旬〜4月上旬
に見頃を迎えます。

哲学の道
てつがくのみち　P▶50

156

都をどり
みやこおどり　P▶81

14:30
雅やかな**都をどり**に感動!

午後は都をどりを鑑賞。華や
かな舞台は京都らしい風情
100%! 毎年新調されるとい
う美しい衣裳にも注目して!

16:00
春限定スイーツはマストで

伊藤久右衛門のさくら抹茶パフェ
1390円をはじめ、さまざまなお店
で桜をモチーフにしたスイーツが
提供されます。

伊藤久右衛門
祇園四条店茶房
いとうきゅうえもん ぎおんしじょうてんさぼう

MAP P.180 F-4
☎075-741-8096 🏠京
都市東山区四条通大和大
路東南角祇園町南側586
🕙10:30 ～ 18:30(混 雑
状況によりLO18:00が早
まる可能性あり) 🔓無休

円山公園
まるやまこうえん
P▶126

18:00
幻想的な**桜ライトアップ**に酔いしれる

日中とは違う雰囲気が漂う円山公園のしだれ桜。その
美しい光景はぜひ近くで見たいもの。

14:00
心の奥まで涼やかにぷるぷる食感の「金魚」
梅酒風味の寒天の中にはかわいい金魚の羊羹が泳いでなんとも涼しげ。5月〜8月限定販売。320円

10:00
紀の森でいただく
ひんやりかき氷
氷室神事がある下鴨神社にちなんだかき氷。やわらかな口あたりで瞬く間に溶ける食感が特徴です。1000円

12:00
ひんやり器も気持ちいい
爽やかな香りの**すだちそば**
冷たいダシに浸る優美なそばと一面に浮かべられたスダチが美しい夏季中心のメニュー。1000円

15:00
祭りのおともにしたい
雅なうちわを求める
祇園祭の山鉾を絵柄に用いたうちわも揃います。浴衣にぴったりで青山散策で仰げば目を引きそう。1430円

15:00
十八番屋 花花
おはこや そうか
お気に入りを見つけて
多彩な雑貨が揃うおみやげの店。金平糖や折り紙などの中身はもちろん版画デザインの箱も選べるおはこ715円〜が定番商品です。
MAP P.184 F-4
☎075-251-8585 🏠京都市中京区寺町通夷川上ル東側常盤木町46 ◎11:00〜17:00（月の場合は営業）

14:00
松彌
まつや
季節感のある創作和菓子
「いろは餅本店」の名で明治21(1888)年創業。金魚をはじめ季節の変化を巧みに表現した四季折々の創作和菓子に定評があります。
MAP P.184 F-4
☎075-231-2743 🏠京都市中京区新烏丸通二条上ル橘柳町161-2 ◎10:00〜18:00 📅月曜、第3火曜

12:00
手打ちそば屋 花もも
てうちそばや はなもも
手間ひまかけて打つ二八そば
信州出身の店主が打つ産地や鮮度にこだわり抜いた二八そばは、色、香り、喉越しのよさが自慢。鴨なんばん1450円もおすすめ。
MAP P.184 E-3
☎075-212-7787 🏠京都市中京区丸太町麩屋町西入ル昆布屋町398 ◎11:00〜最終入店18:30（売切れ次第終了）📅月曜（祝日は営業）、第4週

10:00
さるや
さるや
神聖な森の茶店でいただく甘味
あずき処として有名な宝泉堂が手がける紀の森のなかの茶店。かつて祭礼で食べていた習わしがある黒豆茶付の申餅800円もぜひ。
MAP P.174 E-3
☎090-6914-4300 🏠京都市左京区下鴨泉川町59 下鴨神社境内 ◎10:00〜16:30 📅無休

夏 の1日の愉しみ方

How to enjoy a summer day

京都の夏といえば祇園祭。ハイライトの宵山では祇園囃子の音色と人々の熱気が混ざり合い最高潮を迎えます。

18:00

祇園祭の宵山に心躍る

懸装品をまとった山鉾はまるで「動く美術館」。コンチキチンの音色に導かれ、たくさんの人が見物に訪れます。

祇園祭
ぎおんまつり

🚩なし（京都観光Naviの公式サイト要確認）⊙前祭巡行7/17 9:00（四条烏丸）から（寺町御池）から11:20頃（新町御池）、後祭巡行9:30（烏丸御池）〜 ◉見学自由（有料観覧席：席種により変動）

秋の1日の愉しみ方

How to enjoy a autumn day

一年で最も多くの観光客が訪れる京都の秋。市内各地の紅葉の名所では美しいグラデーションの世界が広がり、誰もが魅了されます。

9:00
約2000本のカエデに見とれる

広い境内の渓谷に架けられた通天橋から見下ろす光景は、さながら「紅葉の雲海」のよう。その美しさに思わず息をのみます。

東福寺
とうふくじ

MAP P.185 C-5 ☎075-561-0087 🏠京都市東山区本町15丁目778 ◎9:00〜最終受付16:00(12月上旬〜3月末は〜最終受付15:30、秋の特別拝観中8:30〜)◎通天橋・開山堂1000円、本坊庭園500円 🔒無休

10:30
映画・ドラマの舞台水路閣も紅葉色に

ロケ地としても有名な南禅寺境内の水路閣も紅葉シーズンには、レンガと赤や黄色の紅葉が調和し美しさがより際立ちます。

南禅寺
なんぜんじ P▶28

16:00
和菓子で楽しむ秋の味覚

和菓子職人の鋭敏な感性で秋を巧みに表現したのが上生菓子。大切な人へのおみやげに喜ばれます。

12:00
名物湯豆腐に舌鼓

肌寒い季節に体を芯から温めてくれるのが門前名物の湯豆腐。行列ができることが多いので事前予約がベターです。

18:00
美しい東寺のライトアップを観賞

京都を離れる前に東寺の夜間特別拝観へ。日中とはまた違う幻想的な光景は、きっと旅の思い出に残るはず。

14:00
秋限定スイーツは別腹で

秋の味覚をふんだんに使ったデザートはぜひ押さえておきたいもの。

12:00

南禅寺 順正
なんぜんじ じゅんせい
[MAP] P.182 E-5 ☎075-761-2311
🏠京都市左京区南禅寺門前 ⊙11:00 ～ LO14:30、17:00 ～ LO19:00 🔒不定休

14:00

Lignum
リグナム　　　P▶45

16:00

二條若狭屋 寺町店
にじょうわかさや てらまちてん
P▶103

18:00

東寺（教王護国寺）
とうじ（きょうおうごこくじ）
[MAP] P.185 A-5
☎075-691-3325 🏠京都市南区九条町1 ⊙8:00 ～ 16:30（閉門は17:00）※紅葉ライトアップと夜間特別公開期間中は18:00 ～ 21:30（最終受付21:00）⊙参拝自由（金堂・講堂500円）※夜間特別拝観1000円、昼夜入れ替え制 🔒無休

冬 の1日の愉しみ方

How to enjoy a winter day

あえてお正月を外して初詣に行ったり冬ならではのグルメをいただいたり、京都の冬もたくさん愉しみ方があるんです。

10:00
にぎやかな
伏見稲荷大社で初詣!

関西でも屈指の参拝者数で有名。三が日が過ぎても商売繁昌などのご利益を求めて人々が訪れます。

伏見稲荷大社
ふしみいなりたいしゃ　　P▶15

12:00　ぬくぬく〜な京名物寿司をいただく

錦糸玉子をたくさん使った冬の京名物蒸し寿司。ほのかな酢の香りが食欲をそそります。1650円

寿司乙羽
すしおとわ
MAP P.180 E-4
☎075-221-2412
🏠京都市中京区新京極四条通上ル中之町5655 ◎11:00〜20:00 🗓月曜

14:00
お正月感100%な
パフェをいただく

松や鶴、日の出などめでたい要素を盛り込んだデザインです。※営業日については要確認

金の百合亭
きんのゆりてい　　P▶111

16:00

えべっさんで開運祈願!

商売繁盛のご利益を願う
十日ゑびす大祭(通称:え
べっさん)。縁起物の飾
りがにぎやかな福笹をい
ただいて幸運を願いまし
ょう。

京都ゑびす神社
きょうとえびすじんじゃ
MAP P.179 B-3
☎075-525-0005 ♠京都市東山区大和
大路通四条下ル小松町125 ○◎♠境内自由

18:00

貴船神社の**積雪日限定ライトアップ**を訪れる

もし雪が降る日に京都を旅していたら、ぜひ訪
れたいスポット。雪化粧をした光景もステキ!
貴船神社
きふねじんじゃ 127

非日常感満点の空間でごほうびバケーション

HOTEL × STAYCATION

和の中庭を望む 吹き抜けの開放的なロビー

吹き抜けのロビーラウンジに和の中庭が調和。リボン状の布帛が格調高い雰囲気を演出します

LOBBY

COURTYARD

ROOM

RESTAURANT

ROOM

デュシタニ京都

デュシタニきょうと

タイスタイルの優雅なおもてなし

タイのハイエンドホテル「デュシタニ」が2023年9月に日本初上陸。タイのさまざまな魅力と日本の粋が融合したホテルです。

MAP P.185 B-3 ☎075-343-7150 🏠京都市下京区西洞院町466 ◉IN15:00 OUT12:00 ◉①1泊1室5万6925円～ 🛏147室

五感を刺激する 名シェフ監修のタイ伝統料理

心を含めた六感を刺激するタイ伝統料理をエレガントな空間でいただけます

日本の繊細な伝統文化と タイ王国の優雅なホスピタリティ

畳の小上がりで中庭を眺められる和の要素を取り入れたゲストルームも

街なかとは思えない
静寂に包まれた癒しの空間

禅の思想をベースにしたミニマルな
ロビー。庭園では瞑想やストレッチ
などさまざまな使い方が叶います

GARDEN

竹庭ビューと二条城ビュー
どちらを選ぶ？

竹林がテラス前に広がる竹庭
ガーデンビュールームや二条
城を眺めるナイスビューな客
室も用意されています

ROOM

RESTAURANT

料理長が生産者と
食材に徹底的にこ
だわり、京都を中心
とした旬の食材を
厳選して調理

ギャリア・二条城 京都

ギャリア・にじょうじょう きょうと

苔庭ビューのラグジュアリーホテル

二条城のお膝元に2022年開業。苔むす庭を
望む館内は癒しの空気に満ち、ウェルビーイ
ングを通じて心身をリフレッシュできます。

季節の日本食材と
フレンチの技が巧みに融合

伝統的なフレンチに日本の極上食材とウェルビーイ
ングのエッセンスを加えたイノベーティブなフレンチ

MAP P.177 C-1
☎075-366-5806 🏠京都市中京区市之町180-
1 ⏰IN15:00 OUT12:00 🛏竹林ガーデンビュー
ツイン1泊1室10万円〜 🚪 25室

165

HOTEL × KEYWORD

カプセルホテル×北欧

MAJA HOTEL KYOTO
マヤ ホテル キョウト

有名デザイナーが監修

フィンランドのデザイナー、ハッリ・コスキネン氏が監修したミニマルな空間は木の温もりに包まれて快適。カフェも北欧の雰囲気。

北欧気分を味わえる カプセルホテル

[MAP] P.180 D-2 ☎075-205-5477 ♠京都市中京区柳馬場通六角上ル槌屋町92 ⊙IN16:00 OUT10:00 ①1泊1名素泊まり4047円〜・ ▯ 60室

1 女性専用のカプセルホテルは、小屋に見立てた三角屋根のデザインが印象的 2 観光の拠点に便利なロケーション 3「MAJA CAFE TUPA」でフィンランド料理を味わって

ライフスタイル×温浴体験

チェックアウトは 翌日の14時！

1 大型スクリーンを設置したゲストルームも 2 朝食は何度でも利用可能 3 セルフチェックインを採用

seaquence KYOTO GOJO
シークエンス キョウト ゴジョウ

フレキシブルな滞在が実現

17時チェックイン、翌日14時チェックアウト、朝食も12時までと斬新な時間設定を採用。岩盤浴＆サウナも完備されています。

[MAP] P.176 D-2 ☎075-353-0031 ♠京都市下京区五条烏丸町409 ⊙IN17:00 OUT14:00 ①1泊2名朝食付9800円〜・ ▯ 208室

韓国っぽなデザインに胸キュン♡な空間

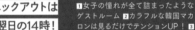

スイートホテル×海外トリップ

1 女子の憧れが全て詰まったようなゲストルーム 2 カラフルな韓国マカロンは見るだけでテンションUP！ 3 東寺が目の前という好立地

THE ROOT2 HOTEL
ザ ルートツー ホテル

8室のオールスイートホテル

全8室のゲストルームはそれぞれ異なるコンセプトでデザイン。まるで海外のおしゃれな家のようでホテルステイも楽しくなりそう！

[MAP] P.185 A-4 ☎075-661-3600 ♠京都市南区東寺東門前町49-1 ⊙IN15:00 OUT11:00 ①1泊1室1万5000円〜・ ▯ 8室

HOTEL × RENOVATION

歴史とアートに囲まれて過ごす

１ 10タイプの多彩なゲストルームを用意 **２** 新風館（▶P.115）のリニューアルに伴い2020年に開業 **３** モダンタコスを提供する「PIOPIKO」などレストランにも注目

「旧京都中央電話局」をリノベーション！

建築家の隈研吾氏が外観デザインを監修。好奇心をくすぐる空間に

アートに包まれたシアトル発のホテル

(c) Yoshihiro Makino

Ace Hotel Kyoto
エース ホテル キョウト

東西カルチャーの出合いの場

ライフスタイルホテルの先駆けとして知られるホテル。和と洋のデザイン、カルチャーが融合した空間は独創的な存在感があります。

MAP P.181 C-2
☎075-229-9000 🏠京都市中京区車屋町245-2新風館内 ◯IN15:00 OUT12:00 ◯1泊1室4万8477円～ ⬜ 213室

---

１ ホテルが入る建物は教育・文化の拠点として長らく活用されました **２** 市内を一望できるレストラン **３** 京都の四季の移ろいを眺めながら過ごせるゲストルーム

懐かしさと新しさが共存する空間

元「立誠小学校」をリノベーション！

小学校時代の意匠を引き継いだ個性的なゲストルームもあります

THE GATE HOTEL 京都高瀬川 by HULIC
ザ ゲート ホテル きょうとたかせがわ バイ ヒューリック

多様な文化に触れられるホテル

元小学校の趣も残した洗練された空間のほか、京都を五感でダイレクトに体感できるさまざまなアクティビティも用意されています。

MAP P.180 F-3 ☎075-256-8955 🏠京都市中京区蛸薬師通河原町東入備前島町310-2 ◯IN14:00 OUT11:00 ◯1泊1室2万5773円～ ⬜ 184室

---

１ 黒塗りの外壁にはキンシ正宗の白文字が残され当時の雰囲気のまま **２** 販売所だった面影を残す町家ラウンジ **３** 全室に檜葉風呂が備えられたゲストルーム

元「酒蔵の販売所」をリノベーション

築100年の京町家を改修。和の空間でくつろぐ旅はいかが

日本酒＆檜葉風呂も魅力な街並みに溶け込む町家ホテル

nol kyoto sanjo
ノル キョウト サンジョウ

日本酒文化の体験も叶う

伏見の酒蔵・キンシ正宗の販売所をリノベーション。宿泊者専用の町家ラウンジでは日本酒をフリーフローで飲み比べできます。

MAP P.180 D-2 ☎075-223-0190 🏠京都市中京区堺町通六角下る大阪材木町700 ◯IN15:00 OUT12:00 ◯1泊1室2万3600円～ ⬜ 48室

HOTEL × KYOTO

ここが京都!
**祇園白川の
ほとり!**
石畳の道と白川
が美しい京情緒
に満ちたロケー
ション

1 **2** 古美術店が並ぶ新門前通に位置し、目の前には清らかな白川の水が流れる好立地 **3** 美景を眺めながら美食をいただくひととき **4** 9つのスイートには檜が香るバスタブや大きな大理石のカウンターなどが違和感なく調和 **5** 新築ながら風格を感じさせる外観

ここが京都!
**自然素材を
各所に!**
ゲストルームに
はそれぞれ異な
る自然素材をア
クセントに使用

6 **7** **8** 世界で活躍するシェフ、ジャン-ジョルジュ・ヴォンゲリステン氏が手がける京都初のレストランでは、京都にインスピレーションを受けた料理を味わえる

The Shinmonzen
ザ シンモンゼン
MAP P.177 E-1
東西の美の匠が華麗に共演
安藤忠雄氏、レミ・テシエ氏の共作となるラグジュアリーブティックホテル。和の精神性に富んだ館内は現代アートが特別感を演出。

☎075-533-6553
🏠 京都市東山区新門前通
西之町235 ⏰IN15:00
OUT12:00 💰1泊1室16
万190円〜（2名分の朝
食付き）🅿 ❌ 9室

ここが京都！

嵐山の
絶景！
春は桜、秋は紅葉に彩られた優雅な舟遊びを楽しめます

1 嵐山の渓谷に立つ宿へは渡月橋から専用送迎船でアクセス 2 四季ごとに異なる美しさに包まれた宿 3 京都に息づく日本の伝統的な技法と斬新な発想で造った空間 4 秋は紅葉を眺めながら食事を楽しむ贅沢な時間を満喫

星のや京都
ほしのやきょうと
舟に乗って訪れる極上の宿
平安貴族が興じた嵐山に佇む水辺の私邸のような旅館。自然と歴史文化が織りなす圧倒的な非日常の空間で記憶に残るステイを。

MAP P.185 A-2
☎050-3134-8091
（電話予約）🏠京都市西京区嵐山元録山町11-2 ◯IN15:00 ◯OUT12:00 ¥1泊1室13万6000円～ 🛏 25室

ここが京都！

京町家
一棟貸し
ごはんとお酒を楽しんだらすぐにベッドにダイブできます！

1 くつろぎの空間へと生まれ変わったゲストルーム。寝室からは中庭の景色を望める 2 四条河原町から徒歩圏内。観光拠点にも便利 3 かつての趣を残す設えもそこここに 4 樹齢100年を超えるカエデの木が印象的な中庭

奏 松原御幸町 もみじ邸
かなで まつばらごこまち もみじてい
数棟の町家が集まる複合施設
もみじの小路（→P.132）内の宿。伝統的構法で復元された京町家は快適そのもの。飲食店も近くにあるので夜遅くまででも大丈夫。

MAP P.179 A-3
☎075-671-8880 🏠京都市下京区石不動之町682-8 ◯IN15:00 ◯OUT10:00 ¥1泊2名素泊まり1万4000円～ 🛏 1室

駆け込みみやげをゲットするならココ

は みやこみち

JR新幹線と近鉄に近い立地の複合施設。飲食店や土産店が一直線に並び、買い物しやすいことでも人気。新幹線八条口にも近いので、最終のお土産探しにも重宝します。

MAP P.185 B-4 ☎075-691-8384 ◷レストラン11:00〜22:00、軽食・喫茶9:00〜21:00(店舗により早朝・深夜営業あり)、ショップ・サービス9:00〜20:00(一部店舗は20:00以降も営業) 😊無休

京銘菓、漬物、京みやげなどを扱うハーベス京銘館

嵐山 桃肌こすめの京の胡粉ネイル(睡蓮・雛芥子)各1320円〜

京都北山 マールブランシュのお濃茶ラングドシャ 茶の菓10枚入1501円

休憩におみやげ探しにも使える万能スポットならココ

に ASTY京都

アスティきょうと

新幹線八条口改札と直結するアスティロード、2階のアスティスクエア、新幹線改札内店舗の3つのゾーンからなる施設。必要なものが揃うコンビニやドラッグストアもこちらに。

MAP P.185 B-4 ☎075-662-0741(平日9:00〜17:00)(店舗により異なる) 😊無休

青木光悦堂のハムスターモナカ6個入 1988円

鶴屋吉信IRODORIの琥珀糖10本入 1620円

じっくり京都みやげを吟味したいならココ

ほ ジェイアール京都伊勢丹

ジェイアールきょうといせたん

地下1階には、和菓子から洋菓子までズラリ。地下2階では、名店の弁当を販売。フレッシュマーケットで京都ならではの調味料などもゲットできます。

MAP P.185 B-4 ☎075-352-1111(ジェイアール京都伊勢丹・大代表) ◷10:00〜20:00(レストラン)〜10F11:00〜23:00、11F11:00〜22:00) 😊不定休

NEXT 100 YEARSのフルーツ羊羹1784円

出町ふたばの名代豆餅2個入440円
※入荷なしの場合あり。予約優先制

Q おみやげや便利なサービスはどんなんがあるん?

京都駅 パーフェクト活用ガイド

A1. 名店の味をまとめ買いするとよろし

人気みやげやグルメが満載の京都駅。京都の王道みやげならほぼ網羅しているので、まとめ買いができます。旅の最後まで京都を満喫できる便利スポットです。

話題のおみやげを手に入れるなら…

い 京都ポルタ 京名菓・名菜処 京

きょうとポルタ きょうめいか めいさいどころみやこ

JR京都駅の南北通路沿いに立地。京都を代表するブランドや注目のショップなどが並び、話題のおみやげや京都らしさに富んだお弁当なども豊富に揃えます。

MAP P.185 B-4 ☎075-365-7528(ポルタインフォメーション) ◷8:30〜21:00(店舗により異なる) 😊不定休

酵房西利のAMACOのAMACOドリンク各300〜400円

グランマーブルの黒糖みるくきなこ1728円

京都の人気店でお茶＆食事ならココ

ろ へ 京都ポルタ

きょうとポルタ

約30店舗の飲食店をはじめおみやげやファッションなど約220店舗が揃うショッピングセンター。JRや地下鉄の駅に直結し、移動のついでにも立ち寄れます。

MAP P.185 B-4 ☎075-365-7528(ポルタインフォメーション) ◷11:00〜20:30(店舗により異なる) 😊不定休

バイカルのころりん1個400円

サー・トーマス・リプトンのディナーハイティー3800円

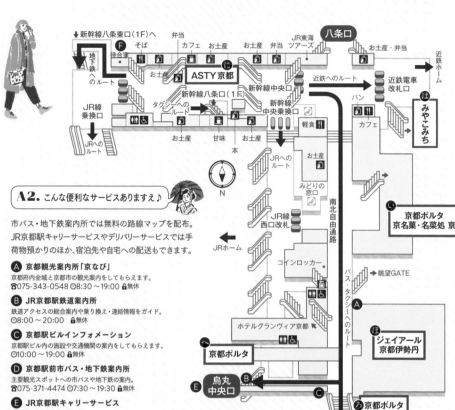

A2. こんな便利なサービスありますえ♪

市バス・地下鉄案内所では無料の路線マップを配布。
JR京都駅キャリーサービスやデリバリーサービスでは手
荷物預かりのほか、宿泊先や自宅への配送もできます。

Ⓐ 京都観光案内所「京なび」
京都府内全域と京都市の観光案内をしてもらえます。
☎075-343-0548 ⏰8:30～19:00 🔒無休

Ⓑ JR京都駅鉄道案内所
鉄道アクセスの総合案内や乗り換え・連絡情報をガイド。
⏰8:00～20:00 🔒無休

Ⓒ 京都駅ビルインフォメーション
京都駅ビル内の施設や交通機関の案内をしてもらえます。
⏰10:00～19:00 🔒無休

Ⓓ 京都駅前市バス・地下鉄案内所
主要観光スポットへの市バスや地下鉄の案内。
☎075-371-4474 ⏰7:30～19:30 🔒無休

Ⓔ JR京都駅キャリーサービス
宿や自宅へ荷物を発送可能。
☎075-352-5437 ⏰8:00～20:00
🈁1個1400円～

Ⓕ 新幹線京都駅八条口 一時預かり・デリバリーサービス
宿まで荷物を発送。
☎075-662-8255 ⏰9:00～20:00
(受付～14:00) 🈁1個800円～ 🔒無休

A3. 効率のええ乗り換えを知っときやす～

バスなら
出口は新幹線中央口を利用。南北自由通路を経由
して京都駅前バスターミナルへ。

地下鉄なら
新幹線を降りたら、新幹線八条東口から地下道を
通って行くのがわかりやすいです。

JRなら
JR線西口改札から大阪、滋賀、奈良、福井などへ
向かうホームへ。嵐山行きは北西ホーム。

近鉄なら
新幹線中央口を出て直進すると、目の前に近鉄の
改札口が見えます。

タクシーなら
八条口を出て東側と、烏丸中央口側の2エリアに
タクシー乗り場があります。

主要観光スポットを訪れる正解ルート

A1. 最も便利なんは地下鉄 ＆バスの"二刀流"どす

地下鉄と市バスをうまく組み合わせて移動時間を短縮するのが京都通！市内を網羅する市バス（運賃均一区間230円）と、観光シーズンでも渋滞に巻き込まれる心配のない地下鉄の良いとこどりでスムーズに観光しましょう。

A2. 基本の3路線を押さえよし

主要観光地へ行くためには、200番台の3路線がどこを通るかを事前にチェック！混み合うことも多いので、時間に余裕を持って行動するのがベターです。

204系統	北大路バスターミナルから金閣寺、岡崎方面、銀閣寺へ（この逆回りも）。3～5本／1時間
205系統	東寺、四条河原町、下鴨神社、京都水族館へも（この逆回りも）。7～8本／1時間
206系統	四条大宮、三十三間堂、五条坂、祇園へ（この逆回りも）。4～6本／1時間

※運行本数は昼間の時間帯（10～16時）の目安

A3. 定期観光バスも上手に利用しよし

乗り換えなしで観光地へ行ける定期観光バスを選ぶのもアリ！京都駅から毎日出発。

A4. 郊外への旅は「京都バス」で

街なかはもちろん、嵐山、岩倉、大原方面へも行ける、クリーム色とえんじ色のバス。運賃は区間によって異なり、市内中心部は230円均一。地下鉄・バス一日券使用可。

 あると便利な乗車チケット

地下鉄・バス 1日券

市バス全線、京阪バス、京都バス一部、地下鉄全線で利用可。エリア間の移動が多い時に大活躍。

販売額	1100円
販売場所	市バス・地下鉄案内所、地下鉄駅窓口など
問合せ	市バス・地下鉄案内所 ☎0570-666-846

地下鉄1日券

地下鉄全線で利用可能。地下鉄に1日3回以上乗る場合は迷わず購入！二条城などの入場割引も。

販売額	800円
販売場所	市バス・地下鉄案内所、地下鉄駅窓口など
問合せ	市バス・地下鉄案内所 ☎0570-666-846

交通手段を詳しく知って賢く観光しよう！

A1. 困ったときは市バス・地下鉄案内所に聞きよし

・ナビダイヤル
☎0570-666-846
・京都駅前市バス・地下鉄案内所（→P.171）
・交通局（太秦天神川）（地下鉄太秦天神川駅地上）
・コトチカ京都（地下鉄京都駅中央口改札口横）
・北大路（北大路バスターミナル内）
・烏丸御池駅（地下鉄烏丸御池駅構内）

A2. 転ばぬ先の… 観光アプリも上手に活用！

歩くまち京都（バス・鉄道の達人）
出発地と目的地を入力すると経路や運賃、所要時間を調べられるアプリ。

京洛たび
バス・鉄道の路線図、バス停案内、年間行事など、観光に便利な情報が満載。

 バス・鉄道の達人

京旅

A3. "京散歩"のおともに「京歩きマップ」はどうどす？

京都市が発行している無料の京都観光案内図「京歩きマップ」。京都まちなか観光案内所（京都市内のセブン-イレブン、スターバックス コーヒーなど）でまず入手しましょう！

24H Kyoto guide TRAVEL INFORMATION

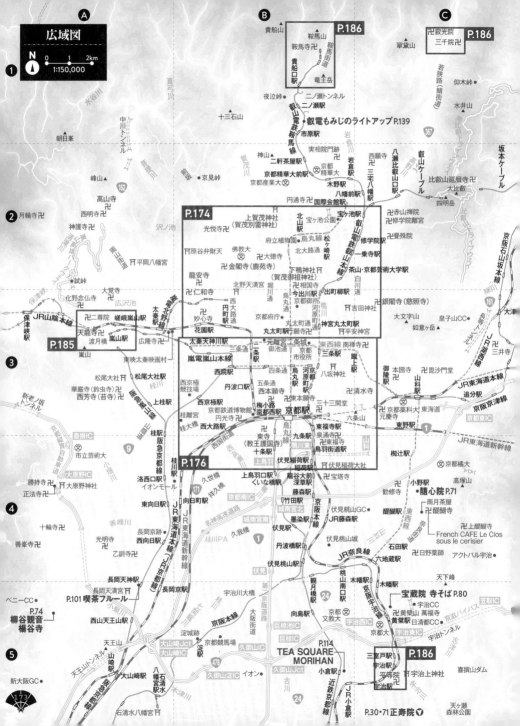

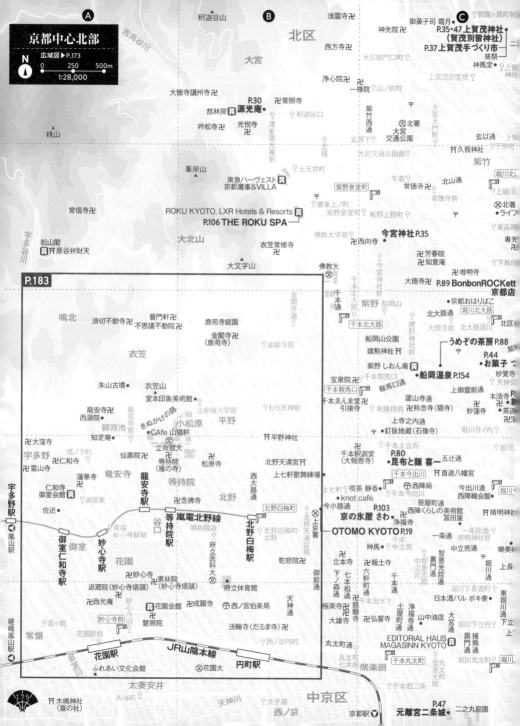

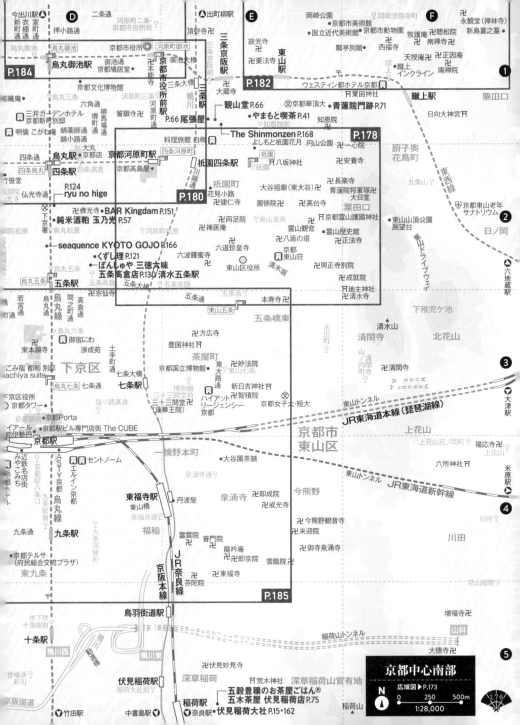

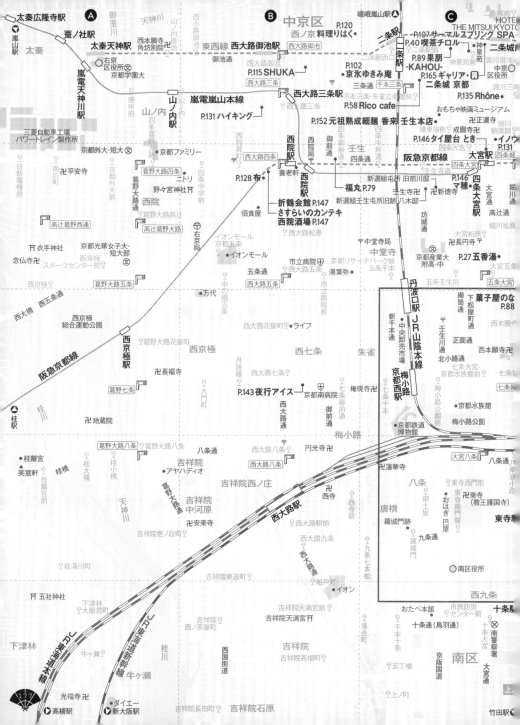

太秦広隆寺駅 Ⓐ 御室仁和寺駅

蚕ノ社駅

Ⓑ 中京区 P.120

太秦天神駅 西ノ京 料理りはく

東西線 西大路御池駅 西大路御池

御池通

嵐電天神川駅 右京 区役所 京都学園大 P.115 SHUKA

山ノ内駅 嵐電嵐山本線 西大路三条駅 西大路三条

P.102 京氷ゆきみ庵

三条通 千本三条

P.131 ハイキング P.58 Rico cafe

P.152 元祖熟成細麺 香来 壬生本店

西院駅 P.146 タイ屋台 とき

P.128 布 西院駅 福丸 P.79 阪急京都線

折鶴会館 P.147 P.146 穂

さすらいのカンテキ 四条大宮駅

西院酒場 P.147

イオンモール京都五条 P.27 五香湯

イオンモール

丹波口駅 菓子屋のな P.88

JR山陰本線

P.143 夜行アイス 梅小路

西京極駅 梅小路西駅

阪急京都線

桂駅 西大路駅

吉祥院西ノ庄 西大路駅 東寺

南区役所

南区

上

178

京都

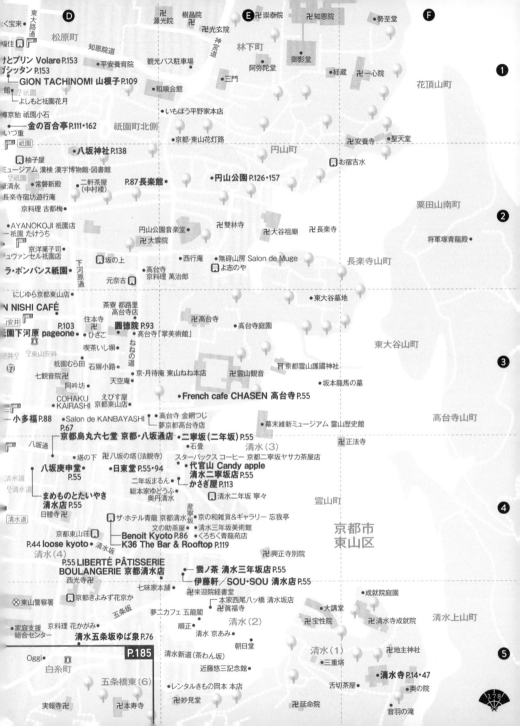

D 　 E 　 F

P.185

1

2

3

4

5

- くら来 　 ・
東大路通
松原町
知恩院道
- 福住

けとプリン Volare P.153
ジッタン P.153

── GION TACHINOMI 山根子 P.109

足祇園
館　よしもと祇園花月

専京飴 祇園小石

── 金の百合亭 P.111・162
いづ重

祇園

- 八坂神社 P.138

柚子屋
ミュージアム 漢検 漢字博物館・図書館
祇園　・常盤新殿
清永　　二軒茶屋 　　P.87 長楽館 ・
長楽寺宿坊遊行庵　　（中村楼）
京料理 古都梅

- AYANOKOJI 祇園店
一祇園 たけうち
ュヴァンセル祇園店
ラ・ボンバンス祇園

下
河原
通

にじゆら京都東山店

N NISHI CAFÉ

安井　　　P.103
園下河原 pageone・
井　東山安井
⑦

祇園むらももか

七観音院卍
阿吽坊
COHAKU
KAIRASHI

── 小多福 P.88

八坂通

塔の下
八坂庚申堂・
P.55

清水道
清水道

まめものとたいやき
清水店 P.55

日體寺卍

京都東山荘

P.44 loose kyoto・
清水（4）
西光寺卍

P.55 LIBERTÉ PÂTISSERIE
BOULANGERIE 京都清水店

⊗東山警察署

京都きよみず花京か

京料理 花かがみ・
・家庭支援
総合センター

清水五条坂ゆば泉 P.76

Oggi・
白糸町

実報寺卍　　本寿寺卍

樹昌院卍
光玄院卍
源光院卍

御影堂

阿弥陀堂
三門

観光バス駐車場

和順会館

いもぼう平野家本店

京都・東山花灯路

漢字博物館・図書館

円山町

円山公園音楽堂
大雲院

西行庵
京料理 萬治郎
元奈古　　よ志のや

茶寮 都路里
高台寺店
住本寺
ひさご

喫茶いし塀

石塀小路
天空庵

えびす屋
京都東山店

Salon de KANBAYASHI
P.67
京都烏丸六七堂 京都・八坂通店

塔の下　卍八坂の塔（法観寺）

日東堂 P.55・94

二年坂まるん
総本家ゆどうふ
奥丹清水

ザ・ホテル青龍 京都清水
文の助茶屋
Benoit Kyoto P.86
K36 The Bar & Rooftop P.119

七味家本舗

夢二カフェ 五龍閣
順正

清水京あみ

近藤悠三記念館

レンタルきもの岡本 本店

妙見堂卍

崇泰院卍　卍知恩院

林下町

三門

東大谷墓地

高台寺

高台寺庭園

French cafe CHASEN 高台寺 P.55

高台寺 金網つじ
夢во都高台寺店

二寧坂（二年坂）P.55
・石畳

スターバックス コーヒー 京都二寧坂ヤサカ茶屋店

代官山 Candy apple
清水二寧坂店 P.55
かさぎ屋 P.113

清水二年坂 寧々

・京の和雑貨＆ギャラリー 忘我亭
清水三年坂美術館
・くろちく清水苑店

雲ノ茶 清水三年坂店 P.55
伊藤軒／SOU・SOU 清水店 P.55

来迎院経書堂
本家西尾八ッ橋 清水坂店
卍眞福寺

朝日堂

三重塔

舌切茶屋

勢至堂

卍一心院

花頂山町

卍安養寺 　・聖天堂

お宿吉水

粟田山南町

卍雙林寺
卍大谷祖廟 卍長楽寺
将軍塚青龍殿

長楽寺山町

東大谷山町

京都霊山護国神社
卍靈山観音
・坂本龍馬の墓

高台寺山町

幕末維新ミュージアム 霊山歴史館

正法寺

清水（3）

霊山町

興正寺別院

成就院庭園

大講堂
宝性院　卍清水寺成就院

地主神社

清水寺 P.14・47
奥の院

音羽の滝

卍延命院

京都市
東山区

清水上山町

P.178

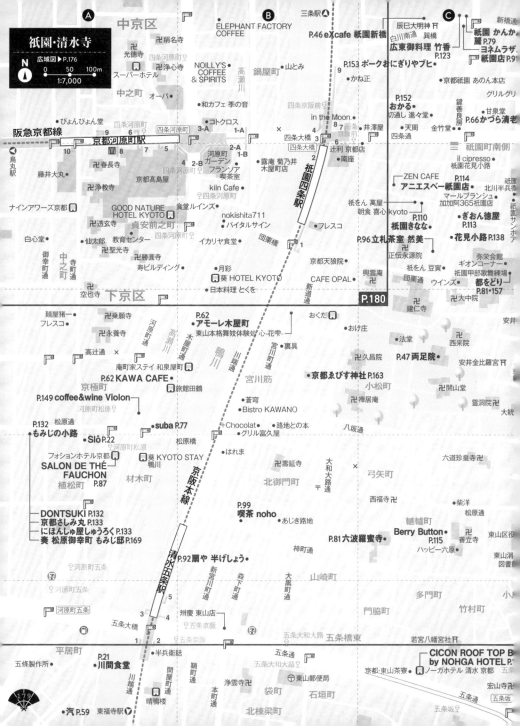

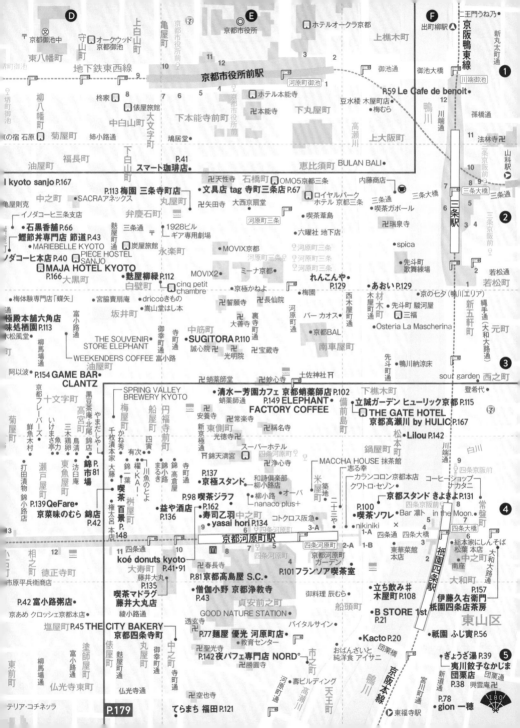

D E F

① 京都御池中 守山町 オークウッド京都御池 京都市役所 ホテルオークラ京都 上樵木町 京阪鴨東線 新丸太町通
東八幡町 地下鉄東西線 京都市役所前駅 御池通 御池大橋 川端御池
11 12 10 豆水楼 木屋町店 梅むら P.59 Le Cafe de benoit
柳八幡町 10 河原町御池 梅むら 鴨川 川端通 孫橋通
堺町御池 柊家 8 7 6 ホテル本能寺 高瀬川 法林寺 ⑪
石原 菊屋町 姉小路通 下本能寺前町 上大阪町 山科駅 三条京阪前
油屋町 福長町 下白山町 大文字町 鳩居堂 P.41 恵比須町 BULAN BALI ⑩ 二条京阪前

I kyoto sanjo P.167 天性寺 石橋町 文具店 tag 寺町三条店 P.67 OMO5京都三条 内藤商店 三条大橋
中之町 SACRAアネックス 梅園 三条寺町店 P.113 矢田寺 大西京扇堂 ロイヤルパーク ホテル 京都三条 喫茶ガボール 三条通 ②
亀屋則克 イノダコーヒ三条支店 弁慶石町 1928ビル ギア専門劇場 六曜社 地下店 spica 三条駅
石黒香舗 P.66 麸屋町通 三条通 炭屋旅館 永楽町 MOVIX京都 先斗町 歌舞練場 若松町
鰹節丼専門店 節道 P.43 MARIEBELLE KYOTO PIECE HOSTEL SANJO 河原町三条 れんこんや P.129 あおい P.129
ノダコーヒ本店 P.40 MAJA HOTEL KYOTO P.166 麸屋柳緑 P.112 MOVIX2 ミーナ京都 梅園 西木屋町通 木屋町通 三福 京の七夕(鴨川エリア) 新五軒通
大黒町 白壁町 cinq petit chambre driccoきもの 京極かねよ バー カオス Osteria La Mascherina
極殿本舗六角店 味処栖園 P.113 宮脇賣扇庵 嵩山堂はし本 誓願寺 仙応院 河原町通 京都BAL 先斗町通 ③
柳馬場通 THE SOUVENIR STORE ELEPHANT 坂井町 中筋町 寺町通 大善寺 真町 南車屋町 鴨川納涼床 sour garden 西之町
阿以波 P.154 GAME BAR• WEEKENDERS COFFEE 富小路 誠心院 光明院 宝蔵寺 先斗町通
CLANTZ 蛸薬師堂 妙心寺 土佐神社 登栄代 鴨川

SPRING VALLEY BREWERY KYOTO 清水一芳園カフェ 京都蛸薬師店 P.102 下樵木町 立誠ガーデン ヒューリック京都 P.115
十文字町 梅屋町 円福寺前町 蛸薬師通 P.149 ELEPHANT 備前島町 THE GATE HOTEL
黒豆庵北尾 高宮町 船屋町 安養寺 常盤木町 FACTORY COFFEE 松本町 京都高瀬川 by HULIC P.167
京都フレーバーズ 千枚漬本家 新京極通 稱名寺 四条小橋 Lilou P.142
いけま 亭力 やまだしや 権KAI• 錦小路店 光悦寺 側町 スーパーホテル 鍋屋町 コーヒーショップ ナカタニ
鮮魚木村 有次 川魚のとや 錦天満宮 四条小橋 米屋町 MACCHA HOUSE 抹茶館 志る幸 クワトロ・セブン 常盤町
打田漬物 錦市場 錦一葉 錦小路店 P.137 和詩倶楽部 築地 カランコロン京都本店 ④
瀬戸屋町 桝屋町 京極スタンド オーバ 二十三屋 京都スタンド きよよよ P.131 Bar 凛 in the Moon.
P.139 QeFare• 喫茶 百景+ 益や酒店 P.136 yasai hori P.134 nanaco plus+ P.100 喫茶ソワレ 四条京阪前 四条大橋
京菜味のむら 錦店 P.42 148 寿司乙羽 中之町 P.98 喫茶ジラフ コトクロス阪急 nikiniki × 四条大橋 東華菜館 本店
koé donuts kyoto P.41•91 京都河原町駅 四条河原町 2-A 1-B 祇園四条駅 南座 大和町
相之町 徳正寺町 大寿堂 四条河原町 京都河原町 ガーデン 4-A 立ち飲み# 木屋町 P.108 総本家にしんそば 松葉 本店 中之町
市原平兵衛商店 藤井大丸 京都高島屋 S.C. P.81 フランソア喫茶室 P.101 東山区
P.42 富小路粥店• 喫茶マドラグ 藤井大丸店 P.135 僧伽小野 京都浄教寺 P.43 B STORE 1st P.21 伊藤久右衛門 祇園四条店茶房 P.157
京あめ クロッシェ京都本店 GOOD NATURE STATION 貞安前之町 Kacto P.20 祇園 ふじ寅 P.56
塩屋町 P.45 THE CITY BAKERY 京都四条河原町 綾小路通 バイタルサイン 栗眼橋 ぎょうざ湯 P.39 ⑤
柳馬場通 教育センター P.77 蕎麦 優光 河原町店 おばんざいと純洋食 アイサニ 奥田餃子なかじま 団栗店 P.38
仏光寺東町 P.142 夜パフェ専門店 NORD° 御料理 辰むら 興雲庵 gion 一穂
P.179 てらまち 福田 P.121 空也寺 天王町 京阪本線 P.78 180

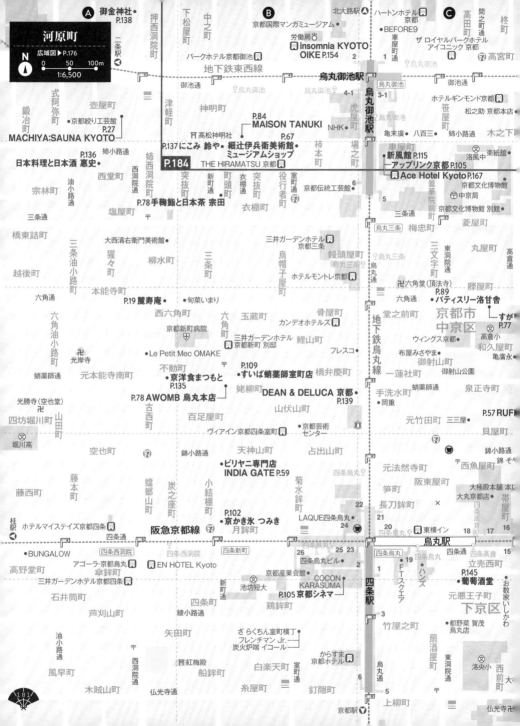

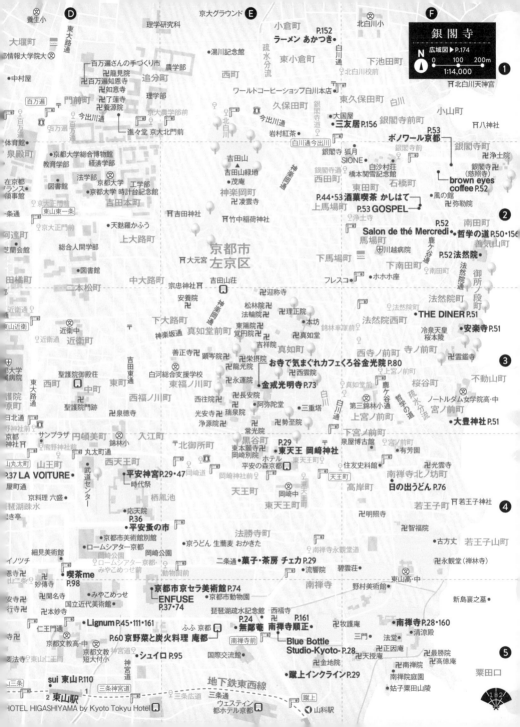

N
広域図 ▶ P.175
0　　100　　200m
1:16,000

大北山原谷乾町

大北山蓮ケ町

カトリック衣笠教会 ✝
P.87 茶房金閣庵
卍金閣寺(鹿苑寺)
金閣寺道
金閣寺前
金閣寺前

安民沢

衣笠赤阪町

氷室通

鏡湖池

金閣寺前

宇多天皇大内山陵

衣笠衣笠山町

京都市
北区

おむらはうす
衣笠総門町
卍金閣小

鏡石通

わら天神宮 ⛩

龍安寺朱山

P.75 京都府立
堂本印象美術館

まざあぐず

わら天神前
笹屋守栄

御室住吉山町

衣笠山

立命館大学前

木辻馬代

わら天神前

右京区

卍龍安寺

西源院卍

立命館大学国際平和
ミュージアム
Roy's Garden

馬代
通

佐井
通

しまむら

西大路通

龍安寺御陵ノ下町

鏡容池

卍 CAfe 山猫軒

龍安寺前

龍安寺山田町

知足庵
きぬかけの路

京こもの 衣笠

立命館大

クレサンテーム

平野神社

カクカメ

府立聾学校

等持院卍

オムライス ひとみ

上立売通
クリケット

平野神社前

御影堂
卍仁和寺

塔ノ段

Coffee FUKUI

卍真如寺

小松
原町

児童
公園
前

P.73・127 北野天満宮
平野神
北野天満宮

五重塔

御室大内

蓮華寺卍

御室和菓子
いと達 P.89

竜安寺禅豆腐ろくた

洛星中

衣笠校前

衣笠検校町

衣笠小

黒書院
白書院

御室仁和寺卍

卍仁和寺

御室会館
御室さのわ

洛星高

今小路通

聖ヨゼフ
医療福祉センター

一条通

ブラッスリーせき

御室小

おからはうま

妙心寺駅

串八 白梅町本店

御室仁和寺駅

妙心寺門前町

京福
妙心寺駅前

龍安寺駅　等持院駅　嵐電北野線

北野
白梅町駅

KFC

今
出
川
通
北
野
白
梅
屋

御室双岡町

雙ケ岡一号墳

天球院卍
大法院卍
大龍院卍
玉龍院卍

隣華院卍
麟祥院卍
大通院卍

光円院卍
卍寿聖院
卍智勝院
大雄院卍

卍長慶院

卍養徳院

京都先端科学大
附属高・中

馬代
一条

馬代一条

イズミヤ

北野白梅町
北野白梅町

大将軍八神社 ⛩
卍地蔵院

衣笠温泉

大将軍小

天神川

上京

二ノ丘谷古墳

慈雲院卍

聖護院卍
天授院卍
退蔵院卍

東海庵卍
大心院卍
卍妙心寺

卍福寿院
卍東林院

大将軍

府立体育館前
大将軍

仁和寺街道
仁和寺街道

島津アリーナ

北野中

北野中学前

西大路妙心寺道

卍涅槃堂
御梅院卍
卍源蔵院

卍退蔵院

卍龍泉庵

花園高・中
花園会館

山城高

P.113 どらやき 亥ノ芽

府立医科大

café·de·monca

中京区

二ノ丘谷古墳

京都ならびがおか病院

竹とり

王将

法金剛院卍

卍精進料理 阿じろ

妙心寺前

花園駅前

妙心寺道

西
ノ
京
原
町

山城高

妙心寺道
西ノ京原町

馬代通丸太町

西大路妙心寺道

伯
楽
町

エディオン

円町

西
ノ
京
円
町

丸太町通

嵯峨嵐山駅

183

双ケ丘

花園駅

宇多川

花園小

花園国際会館前

右京ふれあい
文化会館

花園駅前

花園駅

JR山陰本線(嵯峨野線)

洛陽総合高

花園大

朱雀第八小

円町駅

西
大
路
通

伯
楽
町

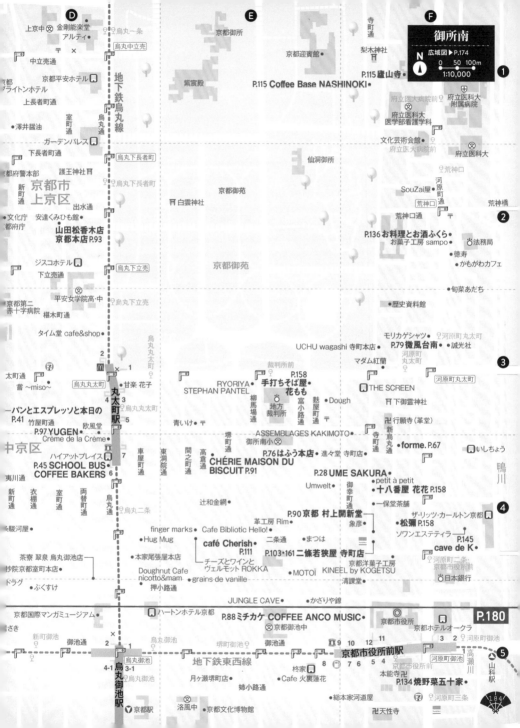

D　E　F

1:10,000　0　50　100m

P.115 盧山寺
P.115 Coffee Base NASHINOKI
京都御所
京都迎賓館
梨木神社
紫宸殿
金剛能楽堂
アルティ
上京中
中立売通
京都ブライトンホテル
京都平安ホテル
上長者町通
澤井醤油
ガーデンパレス
府立医大病院前
府立医科大 附属病院
府立医科大 医学部看護学科
文化芸術会館
府立医大病院前
府立医科大
京都府警本部
京都市 上京区
護王神社
下長者町通
新町通
出水通
文化庁
京都府
安達くみひも館
山田松香木店 京都本店 P.93
ジスコホテル
下立売通
仙洞御所
京都御苑
白雲神社
荒神口
SouZai屋
河原町通
荒神口通
荒神橋
P.136 お料理とお酒ふくら
お菓子工房 sampo
法務局
徳寿
かもがわカフェ
京都第二 赤十字病院
平安女学院高中
椹木町通
歴史資料館
旬菜あたち
タイム堂 cafe&shop
モリカゲシャツ
UCHU wagashi 寺町本店
P.79 幾風台南
誠光社
マダム紅蘭
河原町丸太町
太町通
嘗〜miso〜
烏丸丸太町
甘楽 花子
RYORIYA STEPHAN PANTEL
P.158 手打ちそば屋
花もも
Dough
下御霊神社
THE SCREEN
河原町丸太町
一パンとエスプレッソと本日の P.41
竹屋町通
欧風堂
P.97 YUGEN
Crème de la Crème
丸太町駅
青いけ
地方裁判所
裁判所前
柳馬場通
富小路通
麩屋町通
堺町通
ASSEMBLAGES KAKIMOTO
行願寺（革堂）
forme. P.67
いしちょう
中京区
ハイアットプレイス
P.45 SCHOOL BUS COFFEE BAKERS
夷川通
車屋町通
東洞院通
間之町通
高倉通
CHÉRIE MAISON DU BISCUIT P.91
御所南小
P.76 はふう本店
進々堂 寺町店
P.28 UME SAKURA
petit à petit
鴨川
新町通
衣棚通
室町通
両替町通
烏丸通
辻和金網
Umwelt
御幸町通
十八番屋 花花 P.158
一保堂茶舗
ザ・リッツ・カールトン京都
finger marks
Cafe Bibliotic Hello!
革工房 Rim
P.90 京都 村上開新堂
象彦
P.145
松彌 P.158
ソワンエステティラ
茶寮 翠泉 烏丸御池店
抄院京都室町本店
Hug Mug
café Cherish
P.111
チーズとワインと ヴェルモット ROKKA
二条通
まつは
P.103・161 二條若狭屋 寺町店
京都洋菓子工房
KINEEL by KOGETSU
cave de K
ドラグ
ぶくすけ
本家尾張屋本店
Doughnut Cafe nicotto&mam
grains de vanille
押小路通
MOTOÏ
清課堂
河原町二条
京都市役所前
日本銀行
JUNGLE CAVE
かざりや鐐
京都国際マンガミュージアム
ハーントホテル京都
P.88 ミチカケ COFFEE ANCO MUSIC
京都市役所
京都ホテルオークラ
P.180
さき
京都御池中
京都市役所前駅
新町御池
御池通
烏丸御池
堺町御池
御池通
9 10 12 11
3 2
河原町御池
高瀬川
山科駅
烏丸御池駅
地下鉄東西線
柊家
8 7 6
本能寺
P.134 焼野菜五十家
4-1 烏丸御池
3-1
月ヶ瀬堺町店
姉小路通
Cafe 火裏蓮花
総本家河道屋
河原町三条
京都駅
洛風中
京都文化博物館
天性寺
P.184

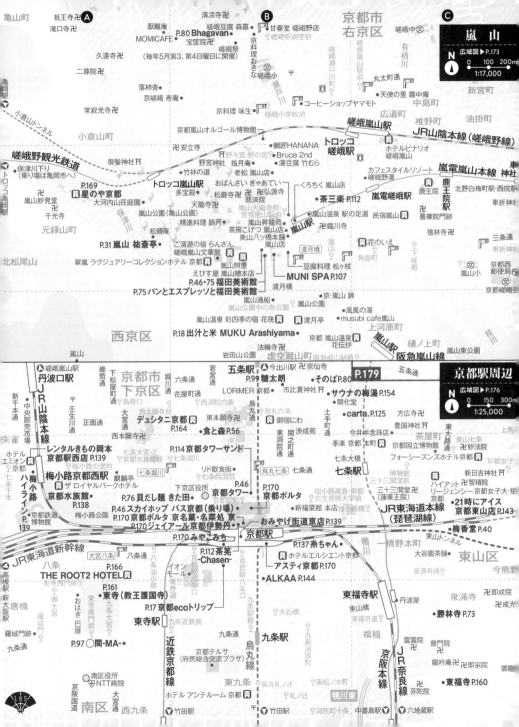

大原

神明神社

寂光院　大原西陵

翠月　　大原山荘

曇井茶屋

味噌と大原温泉　民宿 大原の里

草生町

わっぱ堂 P.65

桂徳院

千田橋

高野川

鯖街道（若狭）

途中

音無滝

大原中小　呂川橋　味工房志野

草生児童公園　KULM　和田橋　呂川茶屋

P.65 somushi ohara　来隣　茶房呂川　さわだ

旅荘 茶谷　大原観光保勝会

森前橋

la bûche P.64

宝泉院　勝林院

実光院　順徳天皇大原陵
　　　　後鳥羽天皇大原陵

京美茶屋

土井志　漬本舗　三千院 P.65
志は久

料理旅館　芹生　そば処芹生茶屋　勝手神社

一福茶屋　浄蓮華院　来迎院

大原念仏寺　　蓮成院

小の山荘

カフェテラスIRORI

梅の宮前

Café APIED

工房 藍の館

志野 大原街道店

智蔵院

飯導寺神社

野村　里の駅
　　　大原　中央橋

西徳寺

八瀬　野村別れ

梅宮神社

出世稲荷神社

大原

摂取院

大長瀬町

大長瀬町

北谷川

南谷川

**京都市
左京区**

宇治

六地蔵駅　六地蔵駅

アルプラザ

JR奈良線

京阪宇治線

三室戸駅

誓澄寺

菟道稚郎子皇子御墓

伊藤久右衛門 本店・茶房

茶づな

お茶と宇治のまち 歴史公園

宇治車庫

フレンドマート

宇治駅

宇治市
菟道

ハッピー

三室戸

ベルエキップ

**宇治市源氏物語
ミュージアム** P.33

宇治橋東詰

橋寺（放生院）

通圓

開運不動尊正覚院

A.B.C.cafe　宇治駿河屋　宇治上神社 P.46

市民会館

宇治武田病院

宇治駅

JR宇治駅

中村藤吉本店 P.33

宇治
第一
ホテル

上林　　寺島屋彌兵衛商店

記念館

モグモグベーカリー P.46
抹茶ロースタリー

福寿園 宇治茶工房

朝日焼
shop & gallery

宇治第一
ホテル

宇治神社 P.33
平等院 P.32

宇治・京都 抹茶料理 辰巳屋

チカ
工場

宇治総合庁舎前

宇治
警察署

P.154 縣神社

園林寺　善法寺

鮎宗　十三重石塔

旅館
喜撰茶屋

塔見茶屋　花やしき 浮舟園

貴船・鞍馬

鞍馬貴船町

芹生峠

料理旅館 兵衛 P.63
貴船神社結社

料理旅館 ひろ文

**京都市
左京区**

花背峠

P.63 **貴船**
右源太・左源太　貴船倶楽部

貴船茶屋　貴船ひろや

貴船神社 P.34・126・127・163　貴船きらく

KIFUNE
COSMETICS
& GALLERY　貴船

魔王殿

木の根道

鞍馬山

(休業中)くらま温泉

鞍馬本町

貴船温泉 水源の森 天山之湯

鞍馬山霊宝殿

貴船べにや　くらま辻井

鞍馬温泉

くらま

鞍馬駅

由岐神社

多宝塔駅

鞍馬山ケーブル
山門駅　雍州路 楽楽

上在地
京くらま林

鞍馬寺　和み家 心天狗

杉々堂

鞍馬駅　多聞堂　鞍馬局

くらま禅房

鞍馬川

叡山電鉄鞍馬線

十三橋

竜王岳

貴船口駅
出町柳駅　貴船口　鞍馬小

24H *Kyoto guide* INDEX

187

きょうと ガイド 24じかん

24H Kyoto guide

2023年11月30日 改訂2版第1刷発行

編 著	朝日新聞出版
発行者	片桐圭子
発行所	朝日新聞出版
	〒104-8011 東京都中央区築地5−3−2
	（お問い合わせ）
	infojitsuyo@asahi.com
印刷所	大日本印刷株式会社

©2023 Asahi Shimbun Publications Inc.
Published in Japan by Asahi Shimbun Publications Inc.
ISBN 978-4-02-334145-6

編集	エディットプラス（米田友海、吉田侑、西出まり絵）
	佐藤理菜子（らくたび）、津曲克彦
撮影	櫛ビキチエ、道海史佳、橋本正樹、増田えみ、
	マツダナオキ、Yusuke Oishi
イラスト	別府麻衣
マップ	s-map
表紙デザイン	iroiroinc.（佐藤ジョウタ）
本文デザイン	iroiroinc.（佐藤ジョウタ、渡部サヤカ）
協力	尚雅堂、紙布染の河合
カバー協力	尚雅堂
企画・編集	朝日新聞出版 生活・文化編集部（岡本咲・白方美樹）

定価はカバーに表示してあります。
落丁・乱丁の場合は弊社業務部（電話03-5540-7800）へご連絡ください。
送料弊社負担にてお取り替えいたします。

本書および本書の付属物を無断で複写、複製（コピー）、引用することは著作
権法上での例外を除き禁じられています。また代行業者等の第三者に依頼
してスキャンやデジタル化することは、たとえ個人や家庭内の利用であっても
一切認められておりません。